ALLAN KARDEC

HENRI SAUSSE

LA

REINCARNATION

SELON LE SPIRITISME

Books on Demand

TABLE DES MATIÈRES

-

ETUDE
sur la
REINCARNATION

selon les enseignements d'ALLAN KARDEC

LA RÉINCARNATION

———————————

Naître, mourir, renaître et progresser sans cesse

Telle est la grande loi qu'il nous faut tous subir,

Nul n'y peut transgresser, la suprême sagesse

Ne nous fit naître un jour que pour bientôt mourir.

Il faudra revenir en ce lieu de misère

Expier nos erreurs, en supporter le poids ;

Car dans un corps nouveau tiré de la matière

L'Esprit doit réparer ses méfaits d'autrefois.

La terre n'est pour nous qu'un enfer de passage ;

Où nous devons lutter et travailler toujours ;

Vaincre nos passions chaque jour davantage,

Pour gagner pas à pas les célestes séjours.

Nous sommes bien des fois venus sur cette terre ;

Nous y viendrons encor progresser et souffrir ;

Ainsi le veut le sort ; en fouillant ce mystère,

De nos mauvais penchants sachons nous affranchir.

Non, Dieu n'a pas voulu qu'une seule existence

Décidât l'avenir de l'Esprit immortel ;

Il lui donne le temps, l'espoir et la souffrance,

Pour conquérir un jour le bonheur éternel.

Plus notre tache est dure, amis, en ce bas Monde

Plus il la faut remplir avec un soin jaloux.

Si nous voulons goûter cette ivresse profonde

De la quitter bientôt pour des Mondes plus doux.

LA REINCARNATION ANGLO-SAXONNE

Ces quelques strophes, écrites avant la guerre, me sont revenues en mémoire à la suite de la lecture d'une missive d'un correspondant londonien, m'exposant comment les spiritualistes d'Outre-Manche résolvent la question du progrès et de la réincarnation. Persuadé que ces aperçus nouveaux intéresseront les lecteurs de cette étude, j'en relève, textuellement, les passages suivants qui n'ont rien de commun avec l'enseignement d'Allan Kardec, que nous avons l'intention d'exposer ici au cours de cette compilation.

Voici l'avis de mon correspondant anglais :

« La Doctrine Spirite, telle quelle est exposée par M. Léon Denis, est très pratique et intelligente ; c'est tout autre chose que la croyance des spiritualistes de ce côté de la Manche. En Angleterre, plutôt que de croire à la Réincarnation, on pense qu'une fois le seuil de l'Au-delà franchi, on ne revient pas dans la chair mais qu'il y a des Sphères spirites autour de la terre où demeurent les défunts. Tout près de la terre se trouve (d'après leur enseignement) « le Louver astral plane », sphère astrale du bas où se trouvent les Esprits vicieux, malins, etc. Après vient le. « Upper astral plane », sphère astrale du haut ; ici les Esprits sont à un degré plus haut et un peu plus avancés. Après il y a « le Summerlan», Terre d'Eté du ciel : ici les Esprits sont très similaires à des Esprits incarnés ; ils ont un corps astral d'une fluidité plus subtile et ils font du bien, des études et apprennent à monter dans la quatrième sphère. Ici le corps fluidique devient plus raffiné, purifié, on ne s'occupe plus des choses qui intéressaient les Esprits quand ils étaient incarnés dans la matière, mais on étudie les grandes lois de l'Univers et les arts célestes, les mathématiques et peut-être la géographie du système solaire. Après avoir passé une longue période d'années dans la quatrième sphère, qu'on appelle « le Christ sphère », la sphère du Christ. Ici c'est la grande école sous la direction du Christ. Après avoir passé son terme dans la « sphère du Christ », on est pur Esprit, c'est-à-dire sans aucun corps. Seulement un Esprit et on progresse de sphère en sphère jusqu'à ce que devenu Maître, on soit finalement absorbé en Dieu lui-même et perdu en lui.

On dit que c'est de Lui que nous venons, petite étincelle du feu divin, et que c'est à Lui que nous retournons.

Je vous dirai, cher Monsieur, que je trouve les Doctrines Spirites, telles que les expose M. Léon Denis, bien plus raisonnables et acceptables par tout le monde et que je vous remercie de m'avoir adressé, ses ouvrages. »

Une chose que mon correspondant ne dit pas ici, c'est la raison pour laquelle les Spirites et les Esprits Anglo-Saxons étaient, au début, hostiles à la réincarnation telle que nous la comprenons et telle que les Esprits nous l'enseignent ; c'est la crainte, en revenant sur notre planète, de se réincarner dans un personnage de couleur, ce qui eut été une déchéance pour eux. Depuis quelques années cette répulsion est modifiée et la réincarnation telle que nous l'a enseignée Allan Kardec est acceptée en Angleterre comme en Amérique telle que nous la comprenons.

NSTRUCTION SUR LA REINCARNATION

Dictée au verre d'eau et recueillie par Mlle Bedette

« Remarque intéressante. Cette dictée a été donnée en plusieurs séances ; chaque interruption étant faite au milieu d'une phrase était reprise à ce point précis à la séance suivante. »

Le 16 janvier 1911. - Affirmer la loi de la réincarnation a été, pendant ma vie matérielle, le point de départ de tous mes travaux, le dogme fondamental. La pierre sur laquelle Pierre devait fonder l'église de Jésus et qui a subi tant de tourments et de tempêtes serait encore forte et à peu près invincible si l'Eglise n'avait pas mis cette lumière sous le boisseau, la jugeant trop vive, trop lumineuse pour nos compréhensions. Sans la réincarnation quelle serait notre destinée future ? Elle ne pourrait se déterminer, pour la répartition spirituelle, que d'après la résultante d'une vie matérielle puisqu'elle serait unique.

Le 20 janvier, et il serait alors trop naturel de considérer la mort avec la terreur religieuse dans laquelle l'Église l'enveloppe. La réparation pour le plus grand nombre serait éternelle et nous comprendrions les pleurs et les grincements de dents des malheureux jetés à la voirie céleste, tendres cœurs des époux, des frères, des amis, abîmez-vous dans la plus profonde douleur, peut-être ne reverrez-vous jamais ceux que vous pleurez. Telles sont les conséquences

Le 22 janvier bien adoucies, bien abrégées de la théorie de la vie unique dont l'Eglise ne veut pas, ne peut pas se défaire, car elle consommerait sa perte. Aujourd'hui les voix d'outre-tombe s'élèvent et crient : *Je vis.* Peut-être vous diront-elles : La souffrance n'est pas abolie par la destruction du corps, mais je vis ; je puis l'amoindrir ce châtiment que m'ont infligé les fautes de mes vies antérieures ; je puis dès ce moment diminuer mes peines par mes seules résolutions avec l'aide de mes Guides. Dans tous les cas l'étoile brillante de l'espoir luit à mes yeux ; être chéris rien n'est perdu. J'ai vécu, je vivrai, je reviendrai au milieu de vous sur cette terre de souffrances qui peut devenir une terre de joie et d'amour en livrant bataille à tous nos instincts pervers. Gloire à Dieu au plus haut des Cieux. Voilà le chant de notre âme lorsqu'elle a goûté et compris cette vérité qui est la source de vie. Allons mes amis pénétrez-vous de cette confiance que donne une foi absolue, mais une foi appuyée sur des preuves indéniables.

Que sera notre demain ? Il sera, rappelez-vous le tel que vous l'aurez fait aujourd'hui.

Entre les réincarnations votre âme immortelle goûtera les joies et la félicité correspondant à l'idéal que vous vous serez tracé pendant votre incarnation.

Le 23 janvier. Omnia mecun porto - Je porte tous mes biens avec moi - puissiez-vous dire ces mots avec joie lors de votre entrée dans la vie spirituelle. Par toutes les voies possibles nous venons vous dire : Vous bâtissez votre demain ; il sera peu différent peut-être, plutôt inférieur à celui d'aujourd'hui si vous ne l'améliorez pas. Votre moi paye les fautes commises dans vos existences antérieures, c'est pourquoi nombre d'entre vous ont à lutter contre l'adversité, pendant tout ou partie de leur incarnation. Cependant courage, la patience, la résignation dans la lutte vous permettront de réparer et de conquérir

Le 30 janvier une situation plus élevée. Dans l'erraticité que de pauvres êtres souffrants, ignorants ou vicieux vivent dans des fluides presque aussi matériels que ceux de la terre ; ils sont sourds à la voix de leur Guide, ils sont aveugles à la lumière spirituelle ; ils se tiennent autour de nous, près de nous. Quelquefois une pensée compatissante, forte, impérieuse est pour eux comme un phare. Il y a sur la terre, mes amis, des êtres assez élevés qui, attristés de la situation de ces malheureux, prient pour eux et s'en occupent journellement.

Les groupes spirites qui sont délivrés de présomption et d'égoïsme peuvent avoir sur eux une grande influence puisque grâce aux médiums ils peuvent les entendre converser avec eux et leur procurer un état moins douloureux. Encouragez-les à la prière, ce puissant levier dont vous ne vous servez pas suffisamment. Ces pauvres frères que vous éclairez, attirés par le bien qu'ils trouveront auprès de vous s'y maintiendront, s'éloigneront, reviendront vers vous ; alors mes amis vos actes bons ou mauvais, seront commentés et jugés et auront sur eux leur influence. C'est une grande responsabilité que vous prenez librement puisque, nul groupe n'ignore ou ne doit ignorer les lois spirituelles. Le bien moral que vous ferez à ces malheureux aura un résultat plus grand que vous ne le croyez. Le remords des fautes commises, alors qu'ils ont pu comprendre quelle était la source de leur maux, les oblige à prendre des résolutions qui si elles ne sont pas bien pures, car leur but n'est pas encore le bien, mais l'anéantissement de leurs souffrances et le désir d'un avenir meilleur et ces résolutions sont souvent suffisantes pour que dans une évolution (réincarnation) nouvelle ; un désir inconnu, une retenue dans le mal agisse sur le corps matériel. C'est ainsi que peu à peu une régénération nouvelle s'établit, lentement encore, mais par comparaison rapide et active.

Je vous le dis encore mes amis, dès cette existence travaillez à votre être moral pour la vie spirituelle, il sera correspondant à l'idéal que vous vous en serez tracé. Nul dévouement, nulle tendresse

Le 6 février 1911 ne pourra vous rendre participant d'un bonheur qui n'est pas votre œuvre et que ces paroles que Ovide met dans la bouche de Médée ne soient jamais les vôtres : Je vois le bien, je l'approuve et je fais le mal. Je veille sur votre groupe je vous protège et vous bénis.

POURQUOI CE LIVRE

Un désir qui m'a été bien souvent manifesté au cours des quarante années pendant lesquelles j'ai rempli les fonctions de secrétaire général de la Fédération Spirite Lyonnaise, est celui-ci : Ne serait-il pas utile de réunir en un seul ouvrage tous les points de la Doctrine qui, dans les ouvrages d'Allan Kardec et de Léon Denis, ont trait à la réincarnation ? Epars comme ils le sont aujourd'hui dans leurs divers ouvrages, l'étude des divers enseignements donnés par nos Maîtres en serait plus facile et plus profitable à tous les adeptes du Spiritisme. C'est là certainement une lacune à combler, mais à l'époque où la demande m'en était souvent faite, je n'avais pas le temps d'entreprendre ce travail et aujourd'hui ce sont les enseignements à réunir qui vont peut-être me faire défaut, j'entreprends quand même ce travail en escomptant pour lui et pour moi la bienveillance de nos adeptes, de nos Maîtres de nos amis de l'au-delà.

La majeure partie des éléments contenus dans cette brochure a déjà été publiée, dans le journal le *Spiritisme Kardeciste*, de septembre 1919 à décembre 1920. La hausse formidable, qui se produisit alors, fit abandonner la publication du journal et renvoyer à des temps meilleurs le tirage en brochure de propagande de ce petit opuscule : *La Réincarnation selon le Spiritisme*. C'est ce projet que je reprends aujourd'hui dans un but de propagande et l'intérêt de la Doctrine.

Il est un fait pour moi incontestable, c'est que si les ouvrages d'Allan Kardec étaient lus plus souvent, plus sérieusement, ils seraient mieux compris, leurs enseignements mieux observés et ils seraient appréciés à leur juste valeur par des détracteurs qui ne les dénigrent que parce qu'ils les connaissent mal ou même ne les connaissent pas du tout. On prétend pour excuse que les ouvrages d'Allan Kardec sont vieillis, rococos et par snobisme on passe outre ; sans se douter des trésors de vérité qu'on néglige ainsi.

Il faut réagir contre cette sotte manière de juger son œuvre ; il faut amener les néophytes à lire plus sérieusement et plus attentivement Allan Kardec pour pouvoir le comprendre mieux et mieux retenir ses enseignements.

Pour que la Doctrine, spirite porte ses fruits et se propage au gré de nos désirs, il est indispensable d'en puiser l'enseignement à sa source, c'est-à-dire dans les ouvrages du Maître où elle est formulée en termes clairs, nets, précis, ne pouvant donner lieu à aucune fausse interprétation ; c'est pour ce motif, qu'au lieu de mal traduire ses enseignements en voulant les expliquer, je me bornerai à une simple compilation de ses travaux sur ce point : la Réincarnation, auquel je me permettrai seulement d'adjoindre l'exposé de quelques faits nouveaux venus depuis confirmer les enseignements d'Allan Kardec.

M. LE COLONEL DE ROCHAS

Les vies successives

Les expériences présentées par M. le colonel de Rochas sur les régressions de la mémoire dans son ouvrage au sujet des vies successives semblaient promettre un appoint important de preuves au sujet de la Réincarnation. Il est regrettable que ces promesses ne se soient pas réalisées et que des contrôles sérieux, et nombreux n'aient pas confirmé les premières expériences en écartant ce point noir, dont le colonel me parla à plusieurs reprises en me demandant de renouveler les mêmes expériences. « Les dires des sujets que rien ne vient prouver, ni confirmer, ne sont-ils pas seulement dus à l'imagination fertile et parfois peu scrupuleuse des somnambules ? » Pour s'en assurer, il faudrait reprendre à nouveau ces recherches et, au lieu d'admettre bénévolement de simples affirmations, exiger des certitudes, des preuves réelles, des faits précis qu'on puisse contrôler par des recherches scrupuleuses, dans le seul intérêt de la vérité.

Lorsque dans une séance d'évocation, un Esprit se manifeste et que nous lui demandons des preuves de son identité, nous exigeons de lui, ses noms, prénoms titres et qualités, tout son état civil, et des renseignements particuliers dont nous puissions retrouver la trace et constater l'absolue authenticité. Pourquoi n'agirions-nous pas de même avec les somnambules qui prétendent revivre leurs existences passées, mais qui ne fournissent aucune preuve de la réalité et de la sincérité de leurs affirmations?

J'en demande pardon à tous les somnambules présents, passés, et à venir ; il est un fait certain, et bien établi par l'expérience, c'est que tous les sujets, pendant le sommeil magnétique, sont plus ou moins paresseux et trompeurs ou trompés. Tout effort leur est pénible, toute recherche les fatigue, aussi il arrive fort souvent, qu'au lieu de rechercher sérieusement ce qu'on leur demande, ils s'ingénient à lire dans la pensée de leur magnétiseur, ce que celui-ci désire ou espère obtenir, et une fois dans cette voie leur imagination inventive aura beau jeu de forger les histoires les plus abracadabrantes dont le contrôle sera nul parce qu'il est impossible en l'absence des éléments nécessaires. Plusieurs fois le colonel de Rochas, à qui je manifestais mes craintes à cet égard, me demanda de reprendre à mon compte les mêmes expériences. Malheureusement, dans cette voie je n'ai jamais obtenu aucun résultat sérieux. Je voulais des précisions, des dates, des renseignements que je puisse contrôler, je n'ai jamais obtenu rien de pareil, jamais rien qui put me prouver la sincérité et l'authenticité des renseignements donnés en dehors des faits de la vie présente, aussi suis-je resté sceptique sans avoir pour cela la prétention de croire que parce que je n'avais pas obtenu ce que je demandais d'autres n'avaient pas pu être plus favorisés que moi dans ce genre de recherches[1].

Mais un fait capital nous vient poser ici un grand point d'interrogation : Si le souvenir de nos existences antérieures nous a été enlevé d'une façon à peu près générale pour tous les incarnés, c'est qu'il y a pour cela une cause, une raison majeure, que nous ne connaissons pas, mais qui n'en a pas moins sa raison d'être ? Si le souvenir de nos vies passées a été effacé de notre mémoire, est-ce simplement pour nous inciter à le rechercher, à le découvrir au moyen d'un artifice plus ou moins ingénieux, plus ou moins sérieux ? S'il était aussi facile de dénouer l'énigme de notre passé, d'écarter le voile mystérieux qui le dérobe à nos yeux, on se demanderait de quelle utilité peut bien être cet oubli imposé à tous, d'un passé qu'il serait cependant si simple de faire à volonté réapparaître à nos regards curieux ?

Un fait important et qu'il faut signaler, c'est que le Colonel avec son sujet, Joséphine, faisait non seulement revivre le passé, mais il pouvait aussi sonder l'avenir et prévoir les événements futurs. Or, les prédictions faites par le sujet Joséphine dans ces conditions ne se sont pas toutes réalisées, loin de là, et le Colonel en fait la remarque page 89 des *Vies successives*.

Puisque les dires de Joséphine sont pris en défaut pour les événements futurs qu'elle annonçait la concernant, pourquoi seraient-ils plus dignes de créance pour les racontars du passé qu'il est impossible de contrôler ? Aussi, ne nous illusionnons pas si vite et voyons si cet oubli du passé n'a pas été imposé, parce qu'il est nécessaire, indispensable, pour ne pas entraver notre Esprit dans sa marche si lente vers le progrès, la perfection, notre but commun à tous. En voulant sonder un point mystérieux que nous ne devons pas connaître, il y a bien des chances, bien des possibilités, pour que nous soyons déçus dans, nos recherches et mystifiés, bernés par des intermédiaires comme nous tous, soumis à cette grande loi de l'oubli du passé.

L'OUBLI DU PASSE

Allan Kardec a dit, à ce sujet, dans le *Livre des Esprits*, n° 392 : « Pourquoi l'Esprit incarné perd-il le souvenir du passé ? »

« L'homme ne peut ni ne doit tout savoir ; Dieu le veut ainsi dans sa sagesse. Sans le voile qui lui couvre certaines choses, l'homme serait ébloui, comme celui qui passe sans transition, de l'obscurité à la lumière. *Par l'oubli du passé il est plus lui-même* »

N° 395 : « Pouvons-nous avoir quelques révélations sur nos existences antérieures ? »

« Pas toujours. Plusieurs savent cependant ce qu'ils ont été et ce qu'ils faisaient ; s'il leur était permis de le dire hautement ils feraient de singulières révélations sur le passé. »

N° 396 : « Certaines personnes croient avoir un vague souvenir d'un passé inconnu qui se présente à elles comme l'image fugitive d'un songe que l'on cherche en vain à saisir. Cette idée n'est-elle qu'une illusion ? »

« C'est quelquefois réel ; mais souvent aussi, c'est une illusion contre laquelle il faut se mettre en garde, car cela peut être l'effet d'une imagination surexcitée. »

N° 430 : « Puisque la clairvoyance du somnambule est celle de son âme ou de son Esprit, pourquoi ne voit-il pas tout, et pourquoi se trompe-t-il souvent ? »

« D'abord il n'est pas donné aux Esprits imparfaits de tout voir ; de tout connaître ; tu sais bien qu'ils participent encore de vos erreurs et de vos préjugés, et puis, quand ils sont attachés à la matière ils ne jouissent pas de toutes les facultés de l'Esprit. Dieu a donné à l'homme cette faculté dans un but utile et sérieux et non pas pour lui apprendre ce qu'il ne doit pas savoir ; voilà pour quoi les somnambules ne peuvent pas tout dire. »

Page 190. « L'expérience montre que les somnambules reçoivent aussi des communications d'autres Esprits qui leur transmettent ce qu'ils doivent dire et suppléent à leur insuffisance. Cela se voit surtout dans les prescriptions médicales ; l'Esprit du somnambule voit le mal, un autre indique le remède. Cette double action est quelques fois patente et se révèle, en outre, par ces expressions assez fréquentes : on me dit de dire, ou l'on me défend de dire telle chose. Dans ce dernier cas, il y a toujours danger à insister pour obtenir une révélation refusée, parce que on donne prise aux Esprits légers qui parlent sans scrupule et *sans se soucier de la vérité.*»

Sur ce même problème : *l'oubli du passé*, Allan Kardec a dit aussi dans *Qu'est-ce que le Spiritisme*, page 71 : « Tout s'enchaîne dans le Spiritisme, et quand on suit l'ensemble, on voit que les principes découlent les uns des autres, se servent mutuellement d'appui ; et alors, ce qui paraissait une anomalie contraire à la justice et à la sagesse, semble tout naturel et vient confirmer cette justice et cette sagesse.

Tel est le problème de l'oubli du passé qui se rattache à d'autres questions d'une égale importance, c'est pourquoi je ne ferai que l'effleurer ici.

Si à chaque existence un voile est jeté sur le passé, l'Esprit ne perd rien de ce qu'il a acquis dans le passé ; il n'oublie que la manière dont il l'a acquis. Pour me servir de la comparaison de l'écolier, je dirai que peu importe pour lui de savoir où et comment et sous quel professeur il a fait sa cinquième, si, en arrivant en quatrième, il sait ce que l'on apprend en cinquième. Que lui importe de savoir qu'il a été fustigé pour sa paresse et son insubordination, si ces châtiments l'ont rendu laborieux et docile ? C'est ainsi qu'en se réincarnant, l'homme apporte par intuition et comme idées innées, ce qu'il a acquis en science et en moralité. Je dis en moralité car si pendant une existence il s'est amélioré, s'il a profité des leçons de l'expérience, quand il reviendra il sera instinctivement meilleur, son Esprit mûri à l'école de la souffrance et par le travail, aura plus de solidité ; loin d'avoir tout à recommencer il possède un fonds de plus en plus riche sur lequel il s'appuie pour acquérir davantage.

L'oubli temporaire est un bienfait de la Providence ; l'expérience est souvent acquise, par de rudes épreuves et de terribles expiations dont le souvenir serait très pénible et viendrait s'ajouter aux angoisses des tribulations de la vie présente. Si les souffrances de la vie paraissent longues que serait-ce donc si leur durée s'augmentait du souvenir des souffrances du passé ?

Vous, par exemple Monsieur, vous êtes aujourd'hui un honnête homme, mais vous le devez aux rudes châtiments que vous avez subis pour des méfaits qui maintenant répugneraient à votre conscience ; vous serait-il agréable de vous souvenir d'avoir été pendu pour cela ? La honte ne vous poursuivrait-elle pas en songeant que le monde sait le mal que vous avez fait ? Que vous importe ce que vous avez pu faire et ce que vous avez pu endurer pour l'expier, si maintenant vous êtes un homme estimable ! Aux yeux du monde vous êtes un homme nouveau, et aux yeux de Dieu un Esprit réhabilité. Délivré du souvenir d'un passé importun, vous agissez avec plus de liberté ; c'est pour vous un nouveau point de départ ; vos dettes antérieures sont payées, c'est à vous de n'en pas contracter de nouvelles.

Que d'hommes voudraient ainsi pouvoir, pendant la vie, jeter un voile sur leurs premières années. Combien se sont dit, sur la fin de leur carrière : « Si c'était à recommencer, je ne ferais pas ce que j'ai fait ! ». Eh bien ! Ce qu'ils ne peuvent pas refaire dans cette vie, ils le referont dans une autre ; dans une nouvelle existence, leur Esprit apportera, à l'état d'intuition, les bonnes résolutions qu'ils auront prises, c'est ainsi que s'accomplit graduellement le progrès de l'humanité.

Supposons encore, ce qui est un cas très ordinaire, que, dans vos relations, dans votre intérieur même, se trouve un être dont vous avez eu à vous plaindre, qui peut-être vous a ruiné ou déshonoré dans une autre existence et qui, Esprit repentant, vienne s'incarner au milieu de vous, s'unir à vous par des lien de la famille pour réparer ses torts, envers vous par son dévouement et son affection, ne seriez-vous pas mutuellement dans la plus fausse position si, tous les deux, vous vous souveniez de vos inimitiés ? Au lieu de s'apaiser, les haines s'éterniseraient.

Concluez de là que le souvenir du passé porterait la perturbation dans les rapports sociaux et serait une entrave au progrès. En voulez-vous une preuve actuelle ? Qu'un homme condamné aux galères prenne la ferme résolution de devenir honnête ; qu'advient-il à sa sortie ? Il est repoussé de la société et cette répulsion le rejette presque toujours dans le vice. Supposons, au contraire que tout le monde ignore ses antécédents, il sera bien accueilli. Si lui-même pouvait les oublier, il n'en serait pas moins honnête et pourrait marcher la tête levée, au lieu de la courber sous la honte du souvenir.

Ceci concorde parfaitement avec la doctrine des Esprits sur les mondes supérieurs au nôtre. Dans ces mondes où ne règne que le bien, le souvenir du passé n'a rien de pénible, voilà pourquoi on s'y souvient de son existence précédente, comme nous nous souvenons de ce que nous avons fait la veille. Quand au séjour qu'on a pu faire dans les mondes inférieurs, ce n'est plus qu'un mauvais rêve ».

C'est avec juste raison que le souvenir du passé nous a été retiré, il n'y a donc aucun motif raisonnable de vouloir le poursuivre quand même contre les ordres de la Providence.

Ce n'est donc pas dans cette voie qu'il nous faudra chercher des faits nouveaux et probants venant confirmer la théorie de la pluralité des existences passées. Nous les trouverons plus sûrement dans les cas particuliers, dans ces réminiscences du passé, qui se produisent parfois chez certains sujets et sont d'autant plus probantes qu'elles sont spontanées et peuvent être vérifiées et contrôlées.

Il nous importe peu pour le moment de savoir ce que nous avons pu être dans le passé. Le point capital pour nous est d'acquérir la preuve, la certitude que nous avons déjà vécu d'autres existences corporelles, que nous devrons nous réincarner encore bien des fois avant d'atteindre le perfectionnement moral, vers lequel nous nous acheminons tous plus ou moins, lentement. Ce que nous devons savoir aussi c'est que les conditions de notre existence actuelle sont le résultat de nos existences précédentes, et que, dans notre existence présente, par nos faits et gestes par nos actions bonnes ou mauvaises, nous préparons les conditions favorables ou douloureuses, qui nous seront faites dans nos existences à venir.

Mais, sur ce point j'arrête mes réflexions personnelles et cède la parole à notre Maître à tous, Allan Kardec, plus autorisé que qui que ce soit, pour traiter cette importante question de la Réincarnation.

Je prends ses enseignements dans le *Livre des Esprits*, dans *L'Evangile selon le Spiritisme*, dans *la Genèse* et aussi dans les différentes années de la *Revue Spirite* où cette question a été traitée par lui si magistralement. Puisse ce travail atteindre le triple but que je me suis proposé : 1^0 Propager la grande loi de la pluralité des existences corporelles successives, autrement dit, la Réincarnation ; 2^0 En exposer les preuves philosophiques et morales et les preuves matérielles ; 3^0 Amener tous les Spirites ou soi-disant tels à relire souvent et étudier les ouvrages d'Allan Kardec et Léon Denis où sont exposées avec tant de méthode et d'autorité toutes les questions qui intéressent la Doctrine Spirite.

Lorsqu'on veut étudier le Christianisme, on doit avoir recours aux *Evangiles et aux actes des Apôtres* ; pour connaître, la religion de Mahomet il faut l'apprendre dans le *Coran* ; les Juifs interrogent le *Talmud* pour ce qui concerne leurs rites ; les Boudhistes s'en réfèrent aux *Vedas* ; les Kabalistes au *Zohar*, etc...

Pourquoi seuls les Spirites cherchent-ils ailleurs que dans les ouvrages du Fondateur de nôtre philosophie les principes sur lesquels ils veulent établir leurs convictions ?

De cette faute, de cette erreur initiale, découlent la tiédeur de leurs convictions et leur manque de cohésion ; de là aussi la coupable lenteur que nous apportons à la diffusion de notre philosophie. Eh ! Comment pourrions-nous la proclamer hautement, quand beaucoup de prétendus adeptes ont souvent honte de s'avouer tout simplement *Spirites* ?

Sachons-le, mes amis, ce n'est qu'en puisant nos enseignements à leur source vraie, c'est-à-dire dans les ouvrages d'Allan Kardec et de Léon Denis, que nous pouvons et que nous devons étudier la Doctrine Spirite si nous voulons la connaître intacte et sans aucun alliage. C'est aussi en étudiant ces maîtres, avec toute l'attention qu'ils méritent, que nous pourrons les apprécier à leur juste valeur et leur rendre les tributs de reconnaissance et d'admiration qui leurs sont dus. Ce n'est aussi qu'en suivant leurs leçons que nous pourrons acquérir ces convictions fortes qui nous feront régler notre conduite sur nos principes. Elles, seules, nous donneront la foi des vrais apôtres[2].

ON NE MEURT PAS

On ne meurt pas, Mourir mes amis c'est renaître,

C'est s'élancer joyeux dans un monde plus beau.

C'est sonder le destin, c'est apprendre et connaître

Les secrets que nous voile ici-bas le tombeau.

C'est corriger en nous les tares du Vieil Etre,

Pour un monde meilleur créer l'homme nouveau,

C'est voir dans l'Au-delà soudain nous apparaître

Tous nos chers disparus en un vivant tableau.

Puisque le ciel, pour nous, par eux s'est entrouvert,

Que le plus grand spectacle à notre âme est offert,

Bénissons les Esprits qui nous tendent la main.

De la voix et du geste alors qu'ils nous invitent,

A l'unisson des leurs que tous nos cœurs palpitent,

Nous conduisant à Dieu par le plus sûr chemin.

Etoile, le 1er juillet 1923.

H. S.

DE LA PLURALITE
DES EXISTENCES CORPORELLES

Revue Spirite, 1858, pages 295 à 301. Le Livre des Esprits, pages 96 et suivantes.

Des diverses doctrines professées par le Spiritisme, la plus controversée est sans contredit, la pluralité des existences corporelles, autrement dit la Réincarnation. Bien que cette opinion soit maintenant partagée par un grand nombre de personnes, nous croyons devoir, en raison de son extrême gravité, l'examiner ici d'une manière plus approfondie, afin de répondre aux diverses objections qu'elle a suscitées. Avant d'entrer dans le fond de la question, quelques observations préliminaires nous paraissent indispensables.

Le dogme de la réincarnation, disent certaines personnes, n'est point nouveau il est ressuscité de Pythagore. Nous n'avons jamais dit que la doctrine spirite fut d'invention moderne le Spiritisme, étant une loi de nature, a dû exister dès l'origine des temps, et nous nous sommes toujours efforcé de prouver qu'on en retrouve les traces dans la plus haute antiquité. Pythagore, comme on le sait, n'est pas l'auteur du système de la métempsycose ; il l'a puisée chez les philosophes indiens et chez les Egyptiens où elle existait de temps immémorial. L'idée de la transmigration des âmes était donc une croyance vulgaire admise par les hommes les plus éminents.

Par quelle voie leur est-elle venue ? Est-ce par intuition ou révélation ? Nous ne le savons pas; mais, quoiqu'il en soit, une idée ne traverse par, les âges et n'est pas acceptée par les intelligences d'élite sans avoir un côté sérieux. L'antiquité de cette doctrine serait donc plutôt une preuve qu'une objection. Toutefois, comme on le sait également, il y a entre la métempsycose des anciens et la doctrine moderne de la réincarnation, cette grande différence que *les Esprits rejettent de la façon la plus absolue, la transmigration de l'homme dans les animaux et réciproquement.*

Vous étiez, sans doute, disent aussi quelques contradicteurs, imbu de ces idées et voilà pourquoi les Esprits ont abondé dans votre manière de voir. C'est là une erreur qui prouve, une fois de plus, les dangers des jugements précipités et sans examen. Si ces personnes se fussent données la peine, avant de juger, de lire ce que nous avons écrit sur le Spiritisme, elles se seraient épargnées la peine d'une objection faite un peu trop légèrement. Nous répéterons donc ce que nous avons dit à ce sujet, savoir que, lorsque la doctrine de la réincarnation nous a été enseignée par les Esprits, elle était si loin de notre pensée que nous nous étions fait sur les antécédents de l'âme un système tout autre, partagé, du reste, par beaucoup de personnes. La doctrine des Esprits, sous ce rapport, nous a surpris ; nous dirons plus, contrarié, parce qu'elle renversait nos propres idées ; elle était loin, comme on le voit, d'en être le reflet. Ce n'est pas tout ; nous n'avons pas cédé au premier choc ; nous avons combattu, défendu, notre opinion, élevé des objections, et ce n'est qu'à l'évidence que nous nous sommes rendu, et lorsque nous avons vu l'insuffisance de notre système pour résoudre toutes les questions que ce sujet soulève.

Aux yeux de quelques personnes, le mot évidence paraîtra sans doute singulier en pareille matière mais il ne semblera pas impropre à ceux qui sont habitués à scruter les phénomènes spirites. Pour l'observateur attentif, il y a des faits qui, bien qu'ils ne soient pas de nature absolument matérielle, n'en constituent pas moins une véritable évidence morale. Ce n'est pas ici le lieu d'expliquer ces faits ; une étude suivie et persévérante peut seule les faire comprendre ; notre but étant uniquement de réfuter l'idée que cette doctrine n'est que la traduction de notre pensée. Nous avons une autre réfutation à opposer c'est que ce n'est pas à nous seul qu'elle a été engeignée ; elle l'a été en maints endroits ; en France et à l'étranger ; en Allemagne, en Russie, en Hollande, etc., et cela avant la publication du *Livre des Esprits*. Ajoutons encore que, depuis que nous nous sommes livré à l'étude du Spiritisme, nous avons eu des communications de plus de cinquante médiums, écrivains, parlants, voyants, etc., plus ou moins éclairés, d'une intelligence normale plus ou moins bornée, quelques-uns même- complètement illettrés, et, par conséquent, tout à, fait étrangers aux matières philosophiques, et que, dans aucun cas, les Esprits ne se sont démentis sur cette question ; il en est de même dans tous les cercles que nous connaissons, où le même principe a été professé. Cet argument n'est point sans réplique, nous le savons, c'est pourquoi nous n'insistons pas plus que de raison.

Examinons la chose sous un autre point de vue, et abstraction faite de toute intervention des Esprits. Plaçons-nous donc, momentanément sur un terrain neutre, admettant au même degré de probabilité l'une et l'autre hypothèse, savoir : la pluralité des existences corporelles, et voyons de quel côté nous porteront la raison et notre propre intérêt.

Certaines personnes repoussent l'idée de la réincarnation par ce seul motif qu'elle ne leur convient pas, disant qu'elles ont bien assez d'une existence et qu'elles n'en voudraient pas recommencer une pareille ; nous en connaissons que la seule pensée de reparaître sur la terre fait bondir de fureur. Nous n' avons qu'une chose à leur demander, c'est si elles pensent que Dieu ait pris leur avis et consulté leur goût pour régler l'Univers. Or de deux choses l'une :

ou la réincarnation existe, ou elle n'existe pas ; si elle existe, elle a beau les contrarier, il faudra la subir, Dieu ne leur en demandera pas la permission. Il nous semble entendre un malade dire : j'ai assez souffert aujourd'hui, je ne veux plus souffrir demain. Quelle que soit sa mauvaise humeur, il ne lui faudra pas moins souffrir le lendemain et les jours suivants jusqu'à ce qu'il soit guéri ; donc, s'ils doivent revivre corporellement, ils reviendront, ils se réincarneront, ils auront beau se mutiner comme un enfant qui ne veut pas aller à l'école, ou un condamné en prison, il faudra qu'ils en passent par-là. De pareilles objections sont trop puériles pour mériter un sérieux examen. Nous leur dirons cependant, pour les rassurer, que la doctrine de la réincarnation n'est pas aussi terrible qu'ils le croient, et s'ils l'avaient étudiée à fond ils n'en seraient pas si effrayés ; ils sauraient que les conditions de cette existence nouvelle dépendent d'eux ; elle sera heureuse ou malheureuse selon ce qu'ils auront fait ici-bas, *et ils peuvent dès cette vie s'élever si haut, qu'ils n'auront plus à craindre de retomber dans le bourbier. (Le Livre des Esprits, page* 98). Nous supposons que nous parlons à des gens qui croient à un avenir quelconque après la mort, et non à ceux qui se donnent le néant pour perspective, ou qui veulent noyer leur âme dans un tout universel, comme les gouttes de pluie dans l'océan, ce qui revient à peu près au même, Si donc vous croyez à un avenir quelconque, vous n'admettrez pas sans doute qu'il soit le même pour tous, autrement où serait l'utilité du bien ! Pourquoi se contraindre ? Pourquoi ne pas satisfaire toutes ses passions, tous ses désirs, fut-ce même aux dépens d'autrui, puisqu'il n'en serait ni plus ni moins ? Vous croyez que cet avenir sera plus ou moins heureux ou malheureux, selon ce que nous aurons fait pendant la vie ; vous avez alors le désir d'y être aussi heureux que possible, puisque ce doit être pour l'éternité ? Auriez-vous par hasard, la prétention d'être un des hommes les plus parfaits qui aient existé sur la terre, et d'avoir ainsi, le droit d'emblée à la félicité des élus ? Non. Vous admettrez aussi qu'il y a des hommes qui valent mieux que vous et qui ont droit à une meilleure place, sans pour cela que vous soyez parmi les réprouvés. Eh ! bien ! Placez-vous un, instant par la pensée dans cette situation moyenne qui sera la vôtre, puisque vous venez d'en convenir, et supposez que quelqu'un vienne vous dire : vous souffrez, vous n'êtes pas aussi heureux que vous pourriez l'être tandis que vous avez devant vous des êtres qui jouissent d'un bonheur sans mélange ; voulez-vous changer votre position contre la leur ? Sans doute direz-vous, que faut-il faire ! - Moins que rien, recommencer ce que vous avez mal fait et tâcher de faire mieux. Hésiteriez-vous à accepter, fut-ce même au prix de plusieurs existences d'épreuves ? Prenons une comparaison plus prosaïque. Si à un homme qui sans être dans la dernière des misères, éprouve néanmoins des privations par suite de la médiocrité de ses ressources on venait dire : voilà une immense fortune, vous pouvez en jouir il faut pour cela travailler rudement pendant une minute. Fut-il le plus paresseux de la terre, il dira sans hésiter travaillons une minute, deux minutes, une heure, un jour s'il le faut, qu'est-ce que cela pour, finir ma vie dans l'abondance ! Or qu'est-ce que la durée d'une vie corporelle par rapport à l'éternité ? Moins que rien, moins qu'une minute, moins qu'une seconde.

Nous avons entendu faire ce raisonnement : Dieu qui est souverainement bon, ne peut imposer à l'homme de recommencer une série de misères et de tribulations.

Trouve-t-on, par hasard, qu'il y a plus de bonté à condamner l'homme à une souffrance perpétuelle pour quelques moments d'erreur plutôt qu'à lui donner le moyen de réparer ses fautes ? Deux fabricants avaient chacun un ouvrier qui pouvait aspirer à devenir l'associé du chef. Or il arriva que ces deux ouvriers employèrent une fois très mal leur journée et méritèrent d'être renvoyés. L'un des deux fabricants chasse son ouvrier malgré ses supplications, et, celui-ci n'ayant pas trouvé d'ouvrage, mourut de misère. L'autre dit au sien : vous avez perdu un jour, vous m'en devez un en compensation ; vous avez mal fait votre ouvrage, vous m'en devez la réparation, je vous permets de le recommencer ; tâchez de bien faire et je vous conserverai, et vous pourrez toujours aspirer à la situation supérieure que je vous avais promise ». Est-il besoin de demander quel est celui des deux fabricants qui a été le plus humain ? Dieu, la clémence même, serait-il plus inexorable qu'un homme ? La pensée que notre sort est à jamais fixé par quelques heures d'épreuve, alors même qu'il n'a pas toujours dépendu de nous d'atteindre à la perfection sur la terre, a quelque chose de navrant, tandis que l'idée contraire est éminemment consolante ; elle nous laisse l'espérance. Ainsi sans nous prononcer pour ou contre la pluralité des existences, sans admettre une hypothèse plutôt que l'autre, nous disons que, si nous avions le choix, il n'est personne qui préférât un jugement sans appel. Un philosophe a dit que si Dieu n'existait pas il faudrait l'inventer pour le bonheur du genre humain ; on pourrait en dire autant de la pluralité des existences. Mais nous l'avons dit, Dieu ne nous demande pas notre permission ; il ne consulte pas notre goût, cela est ou cela n'est pas ; voyons de quel côté sont les probabilités et prenons la chose à un autre point de vue, toujours abstraction faite de l'enseignement des Esprits, et uniquement comme étude philosophique.

S'il n'y a pas de réincarnation, il n'y a qu'une existence corporelle, cela est évident ; si notre existence corporelle actuelle est la seule, l'âme de chaque homme est créée à sa naissance à moins que l'on admette l'antériorité de l'âme, auquel cas on se demanderait ce qu'était l'âme avant la naissance, et si cet état ne constituait pas une existence sous une forme quelconque. Il n'y a pas de milieu : ou l'âme existait ou elle n'existait pas avant le corps ; si elle existait, quelle était sa situation ? Avait-elle ou non conscience d'elle-même ? Si elle n'en avait pas conscience, c'est à peu près comme si elle n'existait pas ; si elle avait son individualité, elle était progressive ou stationnaire. Dans l'un ou l'autre cas et à quel degré est-elle arrivée dans le corps ? En admettant, selon la croyance vulgaire, que l'âme prend naissance avec le corps, ou ce qui revient au même, qu'antérieurement à son incarnation elle n'a que des facultés négatives nous posons les questions suivantes :

Le Livre des Esprits, page 101.

1^0 Pourquoi l'âme montre-t-elle des aptitudes si diverses et indépendantes des idées acquises par l'éducation ?

2^0 D'où vient l'aptitude extra-normale de certains enfants en bas âge pour tel art ou pour telle science, tandis que d'autres restent inférieurs ou médiocres toute leur vie ?

3^0 D'où vient chez les uns, les idées innées qui n'existent pas chez les autres ?

4^0 D'où viennent, chez certains enfants, ces instincts précoces de vices ou de vertus, ces sentiments innés de dignité ou de bassesse qui contrastent avec le milieu où ils sont nés ?

5^0 Pourquoi certains hommes, abstraction faite de l'éducation, sont-ils plus avancés les uns que les autres ?

6^0Pourquoi y a-t-il des sauvages et des hommes civilisés ? Si vous prenez un enfant hottentot à la mamelle et si vous l'élevez dans nos lycées les plus renommés, en ferez-vous jamais un Laplace ou un Newton ?

Nous demandons quelle est la philosophie ou la théosophie qui peut résoudre ces problèmes ? Ou les âmes sont égales à leur naissance, ou elles sont inégales, cela n'est pas douteux. Si elles sont égales, pourquoi ces aptitudes si diverses ? Dira-t-on que cela dépend de l'organisme ? Mais alors c'est la Doctrine la plus monstrueuse et la plus immorale. L'homme n'est plus qu'une machine, le jouet de la matière ; il n'a plus la responsabilité de ses actes ; il peut tout rejeter sur ses imperfections physiques. Si elles sont inégales, c'est Dieu qui les a créées ainsi ; mais alors pourquoi cette supériorité innée accordée à quelques-unes ? Cette partialité est-elle conforme à la justice de Dieu et à l'égal amour qu'il porte à toutes ses Créatures? Admettons au contraire une succession d'existences antérieures progressives et tout s'explique. Les hommes apportant en naissant l'intuition de ce qu'ils ont acquis ; ils sont plus ou moins avancés, selon le nombre d'existences qu'ils ont parcourues ; selon qu'ils sont plus ou moins éloignés du point de départ ; absolument comme dans une réunion d'individus de tous âges, chacun aura un développement proportionné au nombre des années qu'il aura vécu ; les existences successives seront pour la vie de l'âme, ce que les années sont pour la vie du corps. Rassemblez un jour mille individus, depuis un an jusqu'à quatre-vingt ; supposez qu'un voile soit jeté sur tous les jours qui ont précédé, et que, dans votre ignorance, vous les croyez tous nés le même jour : vous vous demanderez naturellement comment il se fait que les uns soient grands, les autres petits, les uns vieux, les autres jeunes, les uns instruits et les autres ignorants ; mais si le nuage qui vous cache le passé vient à se lever, si vous apprenez qu'ils ont tous vécu plus ou moins longtemps, tout s'explique. Dieu, dans sa justice n'a pas pu créer des âmes plus ou moins parfaites ; mais avec la pluralité des existences, l'inégalité que nous voyons n'a plus rien de contraire à l'équité la plus rigoureuse : c'est que nous ne voyons que le présent et non le passé. Ce raisonnement repose-t-il sur un système, une supposition gratuite ? Non, nous partons d'un fait patent incontestable : l'inégalité des aptitudes et du développement intellectuel et moral, et nous trouvons ce fait inexplicable par toutes les théories en cours, tandis que l'explication en est simple, naturelle, logique, par une autre théorie. Est-il rationnel de préférer celle qui n'explique pas à celle qui explique ?

A l'égard de la sixième question on dira sans doute que le Hottentot est une race inférieure ; alors nous demanderons si le Hottentot est un homme ou non. Si c'est un homme, pourquoi Dieu l'a-t-il, lui et sa race, déshérité des privilèges accordés à la race caucasique ? Si ce n'est pas un homme, pourquoi chercher à en faire un chrétien ? La Doctrine spirite est plus large que tout cela : pour elle il n'y a pas plusieurs espèces d'hommes, il n'y a que des hommes dont l'Esprit est plus ou moins arriéré, mais susceptible de progresser ; cela n'est-il pas plus conforme à la justice de Dieu ?

Nous venons de voir l'âme dans son passé, dans son présent ; si nous la considérons dans son avenir, nous trouvons les mêmes difficultés ;

1^0 Si notre existence actuelle doit seule décider de notre avenir, quelle est, dans la vie future, la position respective du sauvage et de l'homme civilisé ? Sont-ils au même niveau, ou sont-ils distancés dans la somme du bonheur éternel ?

2^0 L'homme qui a travaillé toute sa vie à s'améliorer est-il au même rang que celui qui est resté inférieur, non par sa faute, mais parce qu'il n'a eu ni le temps, ni la possibilité de s'améliorer ?

3^0 L'homme qui fait le mal parce qu'il n'a pu s'éclairer, est-il passible d'un état de choses qui n'a pas dépendu de lui ?

4^0 On travaille à éclairer les hommes, à les civiliser, mais pour un qu'on éclaire il y en a des milliers qui meurent chaque jour avant que la lumière soit parvenue jusqu'à eux ; quel est le sort de ceux-ci ? Sont-ils traités comme des réprouvés ? Dans le cas contraire, qu'ont-ils fait pour mériter d'être sur le même rang que les autres ?

5^{0}Quel est le sort, des enfants qui meurent en bas âge, avant d'avoir pu faire ni bien ni mal ? Sont-ils parmi les élus, pourquoi cette faveur sans avoir rien fait pour la mériter ? Par quel privilège sont-ils affranchis des tribulations de la vie ?

Y a-t-il une doctrine qui puisse résoudre ces questions ? Admettez des existences successives et tout s'explique conformément à la justice de Dieu. Ce que l'on n'a pu faire dans une existence on le fait dans une autre ; c'est ainsi que personne n'échappe à la loi du progrès que chacun est récompensé selon son mérite réel, que nul n'est exclu de la félicité suprême à laquelle il peut prétendre quels que soient les obstacles qu'il a rencontrés sur sa route.

Ces questions pourraient être multipliées à l'infini, car les problèmes psychologiques et moraux, qui ne trouvent leur solution que dans la pluralité des existences, sont innombrables ; nous nous sommes bornés aux plus généraux. Quoiqu'il en soit, dira-t-on peut-être, la doctrine de la réincarnation n'est point admise par l'Eglise ; ce serait donc le renversement de la religion. Notre but n'est pas de traiter cette question en ce moment, il nous suffit d'avoir démontré qu'elle est éminemment morale et rationnelle !

Livre des Esprits, pages 165 à 107.

Or ce qui est moral et rationnel ne peut être contraire à une religion qui proclame Dieu, la bonté et la raison par excellence. Que serait-il advenu de la religion si, contre l'opinion universelle et le témoignage de la science, elle se fût roidi contre l'évidence et eût rejeté de son sein quiconque n'eût pas cru au mouvement du soleil et aux six jours de la création ? Quelle créance eût mérité, et quelle autorité aurait eue chez les peuples éclairés une religion fondée sur des erreurs manifestes données comme article de foi ? Quand l'évidence a été démontrée, l'Eglise s'est sagement rangée du côté de l'évidence. S'il est prouvé que des choses qui existent sont impossibles sans la réincarnation, si certains points du dogme ne peuvent être expliqués que par ce moyen, il faudra bien l'admettre, et reconnaître que l'antagonisme de cette doctrine et de ces dogmes n'est qu'apparente. Plus tard nous montrerons que la religion en est peut-être moins éloignée qu'on ne le pense et qu'elle n'en souffrirait pas plus qu'elle n'a souffert du mouvement de la terre et des périodes géologiques qui, au premier abord, ont paru donner un démenti aux textes sacrés. Le principe de la réincarnation ressort d'ailleurs de plusieurs passages des Ecritures et se trouve notamment formulé d'une manière explicite dans l'Evangile.

« Lorsqu'ils descendaient de la montagne (après la transfiguration), Jésus fit ce commandement et leur dit : Ne parlez à personne de ce que vous venez de voir, jusqu'à ce que le fils de l'homme soit ressuscité d'entre les morts. Ses disciples l'interrogèrent alors, et lui dirent : Pourquoi donc les Scribes disent-ils qu'il faut qu'Elie vienne auparavant ? Mais Jésus leur répondit : Il est vrai qu'Elie doit venir et qu'il rétablira toutes choses. Mais je vous déclare qu'Elie est déjà venu, et ils ne l'ont point connu, mais l'ont fait souffrir comme ils ont voulu. C'est ainsi qu'ils feront mourir le fils de l'homme. Alors ses disciples comprirent que c'était de Jean-Baptiste qu'il leur avait parlé. » Saint Matthieu, chap. XVII.

Puisque Jean-Baptiste était Elie, il y a donc eu réincarnation de l'Esprit ou de l'âme d'Elie dans le corps de Jean-Baptiste.

Quelle que soit, du reste, l'opinion que l'on se fasse sur la réincarnation, qu'on l'accepte ou qu'on ne l'accepte pas, il n'en faudra pas moins la subir, si elle existe nonobstant, toute croyance contraire ; le point essentiel, c'est que l'enseignement des Esprits est éminemment chrétien ; il s'appuie sur l'immortalité de l'âme, les peines et récompenses futures, la justice de Dieu, le libre arbitre de l'homme, la morale du Christ ; donc il n'est pas antireligieux.

Nous avons raisonné, comme nous l'avons dit, abstraction faite de tout enseignement spirite qui, pour certaines personnes, n'est pas une autorité. Si nous, et tant d'autres personnes, avons adopté l'opinion de la pluralité des existences, ce n'est pas seulement parce qu'elle nous vient des Esprits, c'est parce qu'elle nous a paru la plus logique, et qu'elle seule, résout des questions jusqu'alors insolubles. Elle nous serait venue d'un simple mortel que nous l'aurions adoptée de même ; et que nous n'aurions pas hésité davantage à renoncer à nos propres idées ; du moment qu' une erreur est démontrée, l'amour-propre a plus à perdre qu'à gagner à s'entêter dans une idée fausse. De même nous l'aurions repoussée, quoique venant des

Esprits, si elle nous eût semblé contraire à la raison, comme nous en avons repoussé bien d'autres ; car nous savons par expérience qu'il ne faut pas accepter en aveugle tout ce qui vient de leur part, pas plus que ce qui vient de la part des hommes. Son premier titre à nos yeux est donc ayant tout d'être logique ; elle en a un autre, c'est d'être confirmée par les faits ; faits positifs et pour ainsi dire matériels, qu'une étude attentive et raisonnée peut révéler à qui se donne la peine d'observer avec patience et persévérance, et en présence desquels le doute n'est plus permis. Quand ces faits seront popularisés comme ceux de la formation et du mouvement de la terre, il faudra bien se rendre à l'évidence, et les opposants en auront été pour leurs frais de contradiction.

Reconnaissons donc, en résumé, que la doctrine de la pluralité des existences explique seule ce qui, sans elle, est inexplicable ; qu'elle est éminemment consolante et conforme à la justice la plus rigoureuse, et qu'elle est pour l'homme l'ancre de salut que Dieu lui a donnée dans sa miséricorde.

Les paroles mêmes de Jésus ne peuvent laisser de doute sous ce rapport. Voici ce qu'on lit dans l'Evangile selon Saint Jean, chapitre III.

3. Jésus répondant, à Nicomède, dit : En vérité, en vérité je te le dis, que si un homme ne naît de nouveau, il ne peut voir le royaume de Dieu.

4. Nicomède lui dit : Comment un homme peut-il naître quand il est vieux ? Peut-il rentrer dans le ventre de sa mère, et, naître une seconde fois ?

5. Jésus répondit : En vérité, en vérité je te dis que si un homme ne naît d'eau et d'esprit, il ne peut entrer dans le royaume de Dieu. Ce qui est né de la chair est chair et ce qui est né de l'esprit est esprit. Ne t'étonne point de ce que t'ai dit : il faut que vous naissiez de nouveau.

LA RESURRECTION DE LA CHAIR

« Livre des Esprits, page 440 »

Le dogme de la résurrection de la chair est-il la consécration de celui de la réincarnation enseignée par les Esprits ?

Comment voulez-vous qu'il en soit autrement ? Il en est de ces paroles comme de tant d'autres qui ne paraissent déraisonnables aux yeux de certaines personnes que parce qu'on les prend à la lettre, c'est pourquoi elles conduisent à l'incrédulité ; donnez-leur une interprétation logique, et ceux que vous appelez les libres-penseurs les admettront sans difficulté, précisément parce qu'ils réfléchissent ; car, ne vous y trompez pas, ces libres-penseurs ne demandent pas mieux que de croire ; ils ont comme les autres, plus que d'autres peut-être, soif de l'avenir, mais ils ne peuvent admettre ce qui est controuvé par la science. La doctrine de la pluralité des existences est conforme à la justice de Dieu ; elle seule peut expliquer ce qui sans elle est inexplicable ; comment voudriez-vous que le principe n'en fût pas dans la religion elle-même ?

Ainsi l'Eglise, par le dogme de la résurrection de la chair, enseigne elle-même la doctrine de la réincarnation.

Cela est évident ; cette doctrine est d'ailleurs la conséquence de bien des choses qui ont passé inaperçues et que l'on ne tardera pas à comprendre dans ce sens ; avant peu on reconnaîtra que le spiritisme ressort à chaque pas du texte même des Ecritures sacrées. Les Esprits ne viennent donc pas renverser la religion, comme quelques-uns le prétendent; ils viennent au contraire la confirmer, la sanctionner par des preuves irrécusables ; mais comme le temps est venu de ne plus employer le langage figuré, ils s'expriment sans allégorie, donnent aux choses un sens clair et précis qui ne puisse être sujet à aucune fausse interprétation. Voilà pourquoi, dans quelques temps, vous aurez plus de gens sincèrement religieux et croyants que vous n'en avez aujourd'hui.

La science, en effet, démontre l'impossibilité de la résurrection selon l'idée vulgaire. Si les débris du corps humain restaient homogènes, fussent-ils dispersés et réduits en poussière, on concevrait encore leur réunion à un temps donné ; mais les choses ne se passent point ainsi. Le corps est formé d'éléments divers : oxygène, hydrogène, azote etc.... par leur décomposition, ces éléments se dispersent, mais pour servir à la formation de nouveaux corps; de telle sorte que la même molécule de carbone, par exemple sera entrée dans la composition de plusieurs milliers de corps différents (nous ne parlons que des corps humains sans compter ceux des animaux) ; que tel individu a peut-être dans son corps des molécules ayant appartenu aux hommes des premiers âges ; que ces mêmes molécules organiques que vous absorbez dans votre nourriture proviennent peut-être du corps de tel autre individu que vous avez connu, et ainsi de suite. La matière étant une quantité définie et ses transformations en quantité indéfinie, comment chacun de ces corps pourrait-il se reconstituer des mêmes éléments ? Il y a là une impossibilité matérielle. On ne peut donc rationnellement admettre la résurrection de la chair que comme une figure symbolisant le phénomène de la réincarnation, et alors rien ne choque plus la raison, rien qui soit en contradiction avec les données de la science.

Il est vrai que, selon le dogme, cette résurrection ne doit avoir lieu qu'à la fin des temps, tandis que selon la doctrine spirite, elle a lieu tous les jours mais n'y a-t-il pas encore dans ce tableau du jugement dernier une grande et belle figure qui cache sous le voile de l'allégorie, une de ces vérités immuables qui ne trouvera plus de sceptique quand elle sera ramenée à sa véritable signification ? Qu'on veuille bien méditer la théorie spirite sur l'avenir des âmes et sur leur sort à la suite des différentes épreuves qu'elles doivent subir, et l'on verra, qu'à l'exception de la simultanéité le jugement qui les condamne ou qui les absout n'est point une fiction, ainsi que le pensent les incrédules. Remarquons encore qu'elle est la conséquence naturelle de la pluralité des mondes, aujourd'hui parfaitement admise, tandis que selon la doctrine du jugement dernier, la terre est sensée le seul monde habité.

MÉTEMPSYCOSE

« Le Livre des Esprits, page 262 »

611 : « La communauté d'origine dans le principe intelligent des êtres vivants n'est-elle pas la consécration de la doctrine de la métempsycose ? »

« Deux choses peuvent avoir la même origine, et ne se ressembler nullement plus tard. Qui reconnaîtrait l'arbre, ses feuilles, ses fleurs, ses fruits dans le germe informe contenu dans la graine d'où il est sorti ? Du moment que le principe intelligent atteint le degré nécessaire pour être Esprit et entrer dans la période de l'humanité, il n'a plus de rapport avec son état primitif, et n'est pas plus l'âme des bêtes que l'arbre n'est le pépin, dans l'homme il n'y a plus de l'animal que le corps et les passions qui naissent sous l'influence du corps et de l'instinct de conservation inhérent à la matière. On ne peut donc pas dire que tel homme est l'incarnation de l'Esprit de tel animal, et par conséquent la métempsycose telle qu'on l'entend n'est pas exacte. »

612 : « Ce serait rétrograder et l'Esprit ne rétrograde pas, le fleuve ne remonte pas à sa source. »

613 : « Toute erronée que soit l'idée attachée à la métempsycose, ne serait-elle pas le résultat du sentiment intuitif des différentes existences de l'homme ? »

« Ce sentiment intuitif se retrouve dans cette croyance, comme dans beaucoup d'autres ; mais comme la plupart de ses idées intuitives l'homme l'a dénaturée. »

La métempsycose serait vraie si l'on entendait par ce mot la progression de l'âme d'un état inférieur à un état supérieur où elle acquerrait des développements qui transformeraient sa nature ; mais elle est fausse dans le sens de la transmigration directe de l'animal dans l'homme et réciproquement, ce qui impliquerait l'idée d'une rétrogradation ou de fusion, or cette fusion ne pouvant avoir lieu entre des êtres corporels des deux espèces, c'est un indice qu'elles sont à des degrés non assimilables et qu'il doit en être de même des Esprits qui les animent. Si les mêmes Esprits pouvaient les animer alternativement ; il s'en suivrait une identité de nature qui se traduirait par la possibilité de la reproduction matérielle. La réincarnation enseignée par les Esprits est fondée au contraire sur la marche ascendante de la nature et sur la progression de l'homme dans sa propre espèce, ce qui ne lui ôte rien de sa dignité. Ce qui le rabaisse, c'est le mauvais usage des facultés que Dieu lui a données pour son avancement. Quoi qu'il en soit, l'ancienneté et l'universalité de la doctrine de la métempsycose, et les hommes éminents qui l'on proposée, prouvent que le principe de la réincarnation à ses racines dans la nature même ; ce sont donc plutôt des arguments en sa faveur qu'ils ne lui sont contraires.

Le point de départ de l'Esprit est une de ces questions qui tiennent au principe des choses, et sont le secret de Dieu. Il n'est pas donné à l'homme de les connaître d'une manière absolue, et il ne peut faire, à cet égard, que des suppositions, bâtir des systèmes plus ou moins probables. Les Esprits eux-mêmes sont loin de tout connaître ; sur ce qu'ils ne savent pas, ils peuvent avoir des opinions personnelles plus ou moins sensées.

C'est ainsi, par exemple, que tous ne pensent pas de même au sujet des rapports qui existent entre l'homme et les animaux. Selon quelques-uns, l'Esprit n'arrive à la période humaine qu'après s'être élaboré et individualisé dans les différents degrés des êtres inférieurs de la création. Selon d'autres, l'Esprit de l'homme aurait toujours appartenu à la race humaine, sans passer par la filière animale. Le premier de ces systèmes a l'avantage de donner un but à l'avenir des animaux qui formeraient ainsi les premiers anneaux de la chaîne des êtres pensants ; le second est plus conforme à la dignité de l'homme et peut se résumer ainsi qu'il suit.

Les différentes espèces d'animaux ne procèdent pas intellectuellement les unes des autres par voie de progression ; ainsi l'esprit de l'huître ne devient point successivement celui du poisson, de l'oiseau, du quadrupède et du quadrumane ; chaque espèce est un type absolu, physiquement et moralement, dont chaque individu puise à la source universelle la somme du principe intelligent qui lui est nécessaire, selon la perfection de ses organes et l'œuvre qu'il doit accomplir dans les phénomènes de la nature, et qu'à sa mort il rend à la masse. Ceux des mondes plus avancés que le nôtre, sont également des races distinctes, appropriées aux besoins de ces mondes et au degré, d'avancement des hommes dont ils sont les auxiliaires, mais qui ne procèdent nullement de ceux de la terre, spirituellement parlant. Il n'en est pas de même de l'homme. Au point de vue physique, il forme évidemment un anneau de la chaîne des êtres vivants ; mais au point de vue moral, *entre l'animal et l'homme, il y a solution de continuité* ; l'homme possède en propre l'âme ou Esprit, étincelle divine qui lui donne le sens moral et une portée intellectuelle qui manquent aux animaux ; c'est en lui l'être principal, préexistant et survivant au corps en conservant son individualité ? *Quelle est l'origine de l'Esprit ? Où est son point de départ ? Se forme-t-il du principe intelligent individualisé ? C'est là un mystère qu'il serait inutile de chercher à pénétrer, et sur lequel, comme nous l'avons dit, on ne peut que bâtir des systèmes.* Ce qui est consolant, et qui ressort à la fois du raisonnement et de l'expérience, c'est la survivance de l'Esprit, la conservation de son individualité après la mort, sa faculté progressive, son état heureux ou malheureux proportionné à son avancement dans la voie du bien, et toutes les vérités morales qui sont la conséquence de ce principe. Quant aux rapports mystérieux qui existent entre l'homme et les animaux, c'est là, nous le répétons, le secret de Dieu, comme beaucoup d'autres choses dont la connaissance actuelle n'importe point à notre avancement et sur lesquelles il serait inutile de s'appesantir.

PLURALITE DES EXISTENCES

(Livre des Esprits page 74, chapitre IV).

De la Réincarnation

166 : « Comment l'âme, qui n'a point atteint la perfection pendant la vie corporelle, peut-elle achever de s'épurer ? »

« En subissant l'épreuve d'une nouvelle existence. »

« Comment l'âme accomplit-elle cette nouvelle existence ? Est-ce par sa transformation comme Esprit ? »

« L'âme en s'épurant subit sans doute une transformation, mais pour cela il lui faut l'épreuve de la vie corporelle. »

« L'âme a donc plusieurs existences corporelles ? »

« Oui, tous nous avons plusieurs existences. Ceux qui vous disent le contraire veulent vous maintenir dans l'ignorance où ils sont eux-mêmes ; c'est leur désir. »

« Il semble résulter de ce principe que l'âme, après avoir quitté un corps, en prend un autre ; autrement dit, qu'elle se réincarne dans un nouveau corps ; est-ce ainsi qu'il faut l'entendre ? »

« C'est évident. »

167 : « Quel est le but de la réincarnation ? »

« Expiation, amélioration progressive de l'humanité ; sans cela où serait la justice ? »

168 : « Le nombre des existences corporelles est-il limité, ou bien l'Esprit se réincarne-t-il à perpétuité ? »

« A chaque nouvelle existence, l'Esprit fait un pas dans la voie du progrès ; quand il s'est dépouillé de toutes ses impuretés, il n'a plus besoin des épreuves de la vie corporelle. »

169 : « Le nombre des incarnations est-il le même pour tous les Esprits ? »

« Non ; celui qui avance vite s'épargne des épreuves. Toutefois ces incarnations successives sont toujours très nombreuses, car le progrès est presque infini. »

170 : « Que devient-il l'Esprit après sa dernière incarnation ? »

« Esprit bienheureux ; il est pur Esprit. »

JUSTICE DE LA REINCARNATION

« Livre des Esprits, p. 75 »

171 : « Sur quoi est fondé le dogme de la réincarnation ? »

« Sur la justice de Dieu et la révélation, car nous vous le répétons sans cesse : Un bon père laisse toujours à ses enfants une porte ouverte au repentir. La raison ne te dit-elle pas qu'il serait injuste de priver sans retour du bonheur éternel tous ceux de qui il n'a pas dépendu de s'améliorer? Est-ce que tous les hommes ne sont pas les enfants de Dieu ? Ce n'est que parmi les hommes égoïstes qu'on trouve l'iniquité, la haine implacable et les châtiments sans rémission. »

Tous les Esprits tendent à la perfection, et Dieu leur en fournit les moyens par les épreuves de la vie corporelle ; mais dans sa justice, il leur réserve d'accomplir dans de nouvelles existences, ce qu'ils n'ont pu faire ou achever dans une première épreuve.

Il ne serait ni selon l'équité, ni selon la bonté de Dieu de frapper à jamais ceux qui ont pu rencontrer des obstacles à leur amélioration ; en dehors de leur bonne volonté et dans le milieu même où ils se trouvent placés. Si le sort de l'homme était irrévocablement fixé après sa mort, Dieu n'aurait point pesé les actions de tous à la même balance et ne les aurait point traités avec impartialité.

La doctrine de la réincarnation, c'est-à-dire celle qui consiste à admettre pour l'homme plusieurs existences successives, est la seule qui réponde à l'idée que nous nous faisons de la justice de Dieu à l'égard des hommes placés dans une condition morale inférieure, la seule qui puisse nous expliquer l'avenir et asseoir nos espérances, puisqu'elle nous offre le moyen de racheter nos erreurs par de nouvelles épreuves. La raison nous l'indique et les Esprits nous l'enseignent.

L'homme qui a la conscience de son infériorité puise dans la doctrine de la réincarnation une espérance consolante. S'il croit à la justice de Dieu, il ne peut être pour l'éternité l'égal de ceux qui ont mieux fait que lui. La pensée que cette infériorité ne le déshérite pas à tout jamais du bien suprême, qu'il pourra conquérir par de nouveaux efforts, le soutient et ranime son courage. Quel est celui qui, au terme de sa carrière, ne regrette pas d'avoir acquis trop tard une expérience dont il ne peut profiter? Cette expérience tardive n'est point perdue, il la mettra à profit dans une nouvelle vie.

INCARNATION DANS LES DIFFERENTS MONDES

« Livre des Esprits, p. 76 »

172 : « Nos différentes existences corporelles s'accomplissent-elles toutes sur la terre ? »

« Non pas toutes, mais dans les différents mondes : celle d'ici-bas n'est ni la première ni la dernière, et c'est une des plus matérielles et des plus éloignées de la perfection. »

173 : « L'âme, à chaque nouvelle existence corporelle, passe-t-elle d'un monde à l'autre, ou bien peut-elle en accomplir plusieurs sur le même globe ? »

« Elle peut revivre plusieurs fois sur le même globe si elle n'est pas assez avancée pour passer dans un monde supérieur. »

« Ainsi nous pouvons reparaître plusieurs fois sur la terre. »

« Certainement. »

« Pouvons-nous y revenir après avoir vécu dans d'autres mondes ? »

« Assurément ; vous avez déjà pu vivre ailleurs et sur la terre. »

174 : « Est-ce une nécessité de revivre sur la terre ? »

« Non ; mais si vous n'avancez pas, vous pouvez aller dans un autre monde qui ne vaut pas mieux, et qui peut être pire. »

175 : « Y a-t-il un avantage à revenir habiter sur la terre ? »

« Aucun avantage particulier, à moins d'y être en mission ; alors on avance, là comme ailleurs. »

-« Ne serait-on pas plus heureux de rester Esprit ? »

« Non, non ! On serait stationnaire, et l'on veut avancer vers Dieu. »

176 : « Les Esprits après avoir été incarnés dans d'autres mondes, peuvent-ils l'être dans celui-ci sans y avoir jamais paru ? »

« Oui, comme dans les autres. Tous les mondes sont solidaires : ce qui ne s'accomplit pas dans l'un s'accomplit dans un autre ?

« Ainsi il y a des hommes qui sont sur la terre pour la première fois ? »

« Il y en a beaucoup à divers degrés. »

« Peut-on reconnaître à un signe quelconque quand un Esprit en est à sa première apparition sur la terre ? »

« Cela n'a aucune utilité. »

177 : « Pour arriver à la perfection et au bonheur suprême qui est le but final de tous les hommes, l'Esprit doit-il passer par la filière de tous les mondes qui existent dans l'univers ? »

« Non, car il y a beaucoup de mondes qui sont au même degré, et où l'Esprit n'apprendrait rien de nouveau. »

« Comment alors expliquer la pluralité des existences sur le même globe ? »

« Il peut s'y trouver chaque fois dans des positions bien différentes qui sont pour lui autant d'occasions d'acquérir de l'expérience. »

178 : « Les Esprits peuvent-ils revivre corporellement dans un monde relativement inférieur à celui où ils ont déjà vécu ? »

« Oui, quand c'est pour remplir une mission, pour aider au progrès et alors ils acceptent avec joie les tribulations de cette existence, parce qu'elles leur fournissent un moyen d'avancer. »

« Cela ne peut-il pas aussi avoir lieu par expiation, et Dieu ne peut-il envoyer des Esprits rebelles dans des mondes inférieurs ? »

« Les Esprits peuvent, rester stationnaires, mais ils ne rétrogradent pas, et alors leur punition est de ne pas avancer et de recommencer les existences mal employées dans le milieu qui convient à leur nature. »

« Quels sont ceux qui doivent recommencer la même existence ? »

« Ceux qui faillissent à leur mission ou à leurs épreuves. »

183 : « En passant d'un monde à l'autre, l'Esprit passe-t-il par une nouvelle enfance ? »

« L'enfance est partout une transition nécessaire, mais elle n'est pas partout aussi stupide que chez vous »

184 : « L'Esprit a-t-il le choix du nouveau monde qu'il doit habiter ? »

« Pas toujours, mais il peut le demander, et il peut l'obtenir s'il le mérite ; car les mondes ne sont accessibles aux Esprits que selon le degré de leur élévation. »

« Si un Esprit ne demande rien, qu'est-ce qui détermine le monde où il sera incarné ? »

« Le degré de son élévation morale. »

185 : « L'état physique et moral des êtres vivants est-il perpétuellement le même dans chaque globe ? »

« Non, les mondes aussi sont soumis à la loi du progrès. Tous ont commencé comme le vôtre par être dans un état inférieur, et la terre elle-même subira une transformation semblable ; elle deviendra un paradis terrestre lorsque les hommes seront devenus bons. »

« C'est ainsi que les races qui peuplent aujourd'hui la terre disparaîtront un jour et seront remplacées par des êtres de plus en plus parfaits ; ces races transformées succéderont à la race actuelle, comme celle-ci a succédé à d'autres plus grossières encore. »

192 : « Peut-on, dès cette vie, par une conduite parfaite franchir tous les degrés, et devenir un pur Esprit sans passer par d'autres intermédiaires ? »

« Non, car ce que l'homme croit parfait est loin de la perfection ; il y a des qualités qui lui sont inconnues et qu'il ne peut comprendre. Il peut être aussi parfait que le comporte sa nature terrestre, mais ce n'est pas la perfection absolue. L'Esprit doit avancer en science et en moralité ; s'il n'a progressé que dans un sens, il faut qu'il progresse dans un autre pour atteindre le haut de l'échelle ; mais plus l'homme avance dans sa vie présente, moins les épreuves suivantes sont longues et pénibles. »

« L'homme peut-il au moins s'assurer dès cette vie une existence future moins remplie d'amertumes ? »

« Oui, sans doute, il peut abréger la longueur et les difficultés de la route. *L'insouciant seul se trouve toujours au même point.* »

193 : « Un homme, dans ses nouvelles existences, peut-il descendre plus bas qu'il n'était ? »

« Comme position sociale, oui ; comme Esprit, non. »

« L'âme d'un homme pervers peut-elle devenir celle d'un homme de bien ? »

« Oui, s'il s'est repenti et alors c'est une récompense. »

La marche des Esprits est progressive et jamais rétrograde ; ils s'élèvent graduellement dans la hiérarchie, et ne descendent point du rang où ils sont parvenus. Dans leurs différentes existences corporelles ils peuvent descendre comme hommes, mais non comme Esprits. Ainsi l'âme d'un puissant de la terre peut plus tard animer le corps d'un artisan, et, vice versa ; car les rangs parmi les hommes sont souvent en raison inverse de l'élévation des sentiments moraux. Hérode était roi, et Jésus charpentier.

196 : « Les Esprits ne pouvant s'améliorer qu'en subissant les tribulations de l'existence corporelle, il s'en suivrait que la vie matérielle serait une sorte d'étamine ou d'épuratoire, par où doivent passer tous les êtres du monde spirite pour arriver à la perfection ? »

« Oui, c'est bien cela. Ils s'améliorent dans ces épreuves en évitant le mal et en pratiquant le bien. Mais ce n'est qu'après plusieurs incarnations ou épurations successives qu'ils atteignent, dans un temps plus ou moins long, selon leurs efforts, le but auquel ils tendent. »

« Est-ce le corps qui influe sur l'Esprit pour l'améliorer, ou l'Esprit qui influe sur le corps ? »

« Ton Esprit est tout. Ton corps n'est qu'un vêtement qui pourrit voilà tout »

LE SORT DES ENFANTS APRES LA MORT

« Livre des Esprits, p. 86 »

197 : « L'Esprit d'un enfant mort en bas âge est-il aussi avancé que celui de l'adulte ? »

« Quelques fois beaucoup plus, car il peut avoir beaucoup plus vécu et avoir plus d'expérience, surtout s'il a progressé. »

« L'Esprit d'un enfant peut ainsi être plus avancé que son père ? »

« Cela est très fréquent ne le voyez-vous pas vous-même sur la terre. »

198 : « L'enfant qui meurt en bas âge, n'ayant pu faire de mal, son Esprit appartient-il aux degrés supérieurs ? »

« S'il n'a point fait de mal, il n'a point fait de bien, et Dieu ne l'affranchit pas des épreuves qu'il doit subir. S'il est pur ce n'est pas parce qu'il était enfant, mais parce qu'il était plus avancé. »

199 : « Pourquoi la vie est-elle si souvent interrompue dès l'enfance ? »

« La durée de la vie de l'enfant peut être pour l'Esprit qui est incarné en lui le complément d'une existence interrompue ayant le terme voulu, et sa mort est souvent une épreuve ou une expiation pour les parents. »

« Que devient l'Esprit d'un enfant qui meurt en bas âge ? »

« Il recommence une nouvelle existence. »

Si l'homme n'avait qu'une seule existence et si après cette existence son sort futur était fixé pour l'éternité, quel serait le mérite de la moitié de l'espèce humaine qui meurt en bas âge, pour jouir sans effort du bonheur éternel, et de quel droit serait-elle affranchie des conditions souvent si dures imposées à l'autre moitié ? Un tel ordre de choses ne saurait être selon la justice de Dieu. Par la réincarnation, l'égalité est pour tous ; l'avenir appartient à tous sans exception et sans faveur pour aucun ; ceux qui arrivent les derniers ne peuvent s'en prendre qu'à eux-mêmes, l'homme doit avoir le mérite de ses actes, comme il en a la responsabilité.

Il n'est d'ailleurs pas rationnel de considérer l'enfance comme un état d'innocence. Ne voit-on pas des enfants doués des plus mauvais instincts à un âge où l'éducation n'a point encore pu exercer son influence ? N'en voit-on pas qui semblent apporter en naissant l'astuce, la fausseté, la perfidie, l'instinct même du vol et du meurtre, et cela nonobstant les bons exemples dont ils sont entourés ? La loi civile absout leurs méfaits parce que, dit-on, ils ont agi sans discernement ; elle a raison parce que en effet ils agissent plus instinctivement que de propos délibéré ; mais d'où peuvent provenir ces instincts si différents chez des enfants du même âge, élevés dans les mêmes conditions et soumis aux mêmes influences ? D'où vient cette perversité précoce si ce n'est de l'infériorité de l'Esprit, puisque l'éducation n'y est pour rien ? Ceux qui sont vicieux, c'est que leur Esprit a moins progressé, et alors il en subit les conséquences, non pour ses actes d'enfant, mais pour ceux des existences antérieures et c'est ainsi que la loi est la même pour tous, et que la justice de Dieu atteint tout le monde.

PARENTE

« Livre des Esprits, p. 89 »

203 : « Les parents transmettent-ils à leurs enfants une portion de leur âme, ou bien ne font-ils que leur donner la vie animale à laquelle une âme nouvelle vient plus tard ajouter la vie morale ? »

« La vie animale seule, car l'âme est indivisible. Un père stupide peut avoir des enfants d'esprit, et vice versa. »

204 : « Puisque nous avons plusieurs existences, la parenté remonte-t-elle au delà de notre existence actuelle ? »

« Cela ne peut être autrement. La succession des existences corporelles établit entre les Esprits des liens qui remontent à vos existences antérieures ; de là souvent des causes de sympathie entre vous et certains Esprits qui vous paraissent étrangers. »

205 : « Aux yeux de certaines personnes la réincarnation semble détruire les liens de la famille en les faisant remonter au delà de l'existence actuelle. »

« Elle les étend, mais ne les détruit pas. La parenté étant fondée sur des affections antérieures, les liens qui unissent les membres d'une même famille sont moins précaires. Elle augmente les devoirs de la fraternité, puisque dans votre voisin, ou dans votre serviteur, peut se trouver un Esprit qui a tenu à vous par les liens du sang. »

« Elle diminue cependant l'importance que quelques-uns attachent à leur filiation, puisque on peut avoir eu pour père un Esprit ayant appartenu à une autre race ou ayant vécu dans une condition tout autre. »

« C'est vrai, mais cette importance est fondée sur l'orgueil ; ce que la plupart honorent dans leurs ancêtres, ce sont les titres, le rang, la fortune. Tel rougirait d'avoir eu pour aïeul un cordonnier honnête homme, qui se vantera de descendre d'un gentilhomme débauché. Mais quoi qu'ils disent ou fassent, ils n'empêcheront pas les choses d'être ce qu'elles sont, car Dieu n'a pas réglé les lois de la nature sur leur vanité. »

206 : « De ce qu'il n'y a pas filiation entre les descendants d'une même famille, s'en suit-il que le culte des ancêtres soit une chose ridicule ? »

« Assurément non, car on doit être heureux d'appartenir à une famille dans laquelle les Esprits élevés se sont incarnés. Quoique les Esprits ne procèdent pas les uns des autres, ils n'en ont pas moins d'affection pour ceux qui tiennent à eux par les liens de la famille, car ces Esprits sont souvent attirés dans telle ou telle famille par des causes de sympathie ou par des liens antérieurs, mais croyez bien que les Esprits de vos ancêtres ne sont nullement honorés du culte que vous leur rendez par orgueil ; leur mérite ne rejaillit sur vous qu'autant que vous vous efforcez de suivre les bons exemples qu'ils vous ont donnés, et c'est alors seulement que votre souvenir peut non seulement leur être agréable, mais même leur être utile. »

215 : « D'où vient le caractère distinctif qu'on remarque dans chaque peuple ? »

« Les Esprits ont aussi des familles formées par la similitude de leurs penchants plus ou moins épurés selon leur élévation. Eh bien ! Un peuple est une grande famille où se rassemblent des Esprits sympathiques. La tendance qu'ont les membres de ces familles à s'unir est la source de la ressemblance qui existe dans le caractère distinctif de chaque peuple. Crois-tu que des Esprits bons et humains rechercheront un peuple dur et grossier ? Non, les Esprits sympathisent avec les masses, comme ils sympathisent avec les individus ; là ils sont dans leur milieu. »

216. « L'homme conserve-t-il, dans ses nouvelles existences, des traces du caractère moral de ses existences antérieures ? »

« Oui, cela peut arriver ; mais en s'améliorant il change. Sa position sociale peut aussi n'être plus la même ; si de maître il devient esclave, ses goûts seront tout différents et vous auriez de la peine à le reconnaître. L'Esprit étant le même dans les diverses incarnations, ses manifestations peuvent avoir de l'une à l'autre certaines analogies, modifiées. Toutefois, par les habitudes de sa nouvelle position, jusqu'à ce qu'un perfectionnement notable ait complètement changé son caractère, car d'orgueilleux et méchant il peut devenir humble et humain s'il s'est repenti. »

217 : « L'homme dans ses différentes incarnations, conserve-t-il des traces du caractère physique des existences antérieures ? »

« Le corps est détruit et le nouveau n'a aucun rapport avec l'ancien. Cependant l'Esprit se reflète sur le corps ; certes, le corps n'est que matière ; mais malgré cela il est modelé sur les capacités de l'Esprit qui lui imprime un certain caractère, principalement sur la figure, et c'est avec vérité qu'on a désigné les yeux comme le miroir de l'âme ; c'est-à-dire que la figure, plus, particulièrement, reflète l'âme ; car telle personne excessivement laide a pourtant quelque chose qui plait quand elle est l'enveloppe d'un Esprit bon, sage, humain, tandis qu'il y a des figures très belles qui ne te font rien éprouver pour lesquelles même tu as de la répulsion. Tu pourrais croire qu'il n'y a que les corps bien faits qui soient l'enveloppe des Esprits les plus parfaits tandis que tu rencontres tous les jours des hommes de bien sous des dehors difformes. Sans avoir une ressemblance prononcée, la similitude des goûts et des penchants peut donc donner ce qu'on appelle, un air de famille. »

Le corps que revêt l'âme dans une nouvelle incarnation n'ayant aucun rapport nécessaire avec celui qu'elle a quitté, puisqu'elle peut le tenir d'une toute autre souche, il serait absurde de conclure une succession d'existences d'une ressemblance qui n'est que fortuite. Cependant les qualités de l'Esprit modifient souvent les organes qui servent à leurs manifestations, et impriment sur la figure, et même à l'ensemble des manières un cachet distinctif. C'est ainsi que sous l'enveloppe la plus humble on peut trouver l'expression de la grandeur et de la dignité, tandis que sous l'habit du grand seigneur on voit quelquefois celle de la bassesse et de l'ignominie. Certaines personnes sorties de la position la plus infime prennent sans effort les habitudes et les manières du grand monde, il semble qu'elles y retrouvent leur élément, tandis que d'autres, malgré leur naissance et leur éducation, y sont toujours déplacées. Comment expliquer ce fait autrement que comme un reflet de ce qu'a été l'Esprit ?

IDEES INNEES

« Livre des Esprits, p. 94 »

218 : « L'Esprit incarné ne conserve-t-il aucune trace des perceptions qu'il a eues et des connaissances qu'il a acquises dans ses existences antérieures ? »

« Il lui reste un vague souvenir qui lui donne ce qu'on appelle les idées innées. »

« La théorie des idées innées n'est donc pas une chimère ? »

« Non, les connaissances acquises dans chaque existence ne se perdent pas ; l'Esprit dégagé de la matière s'en souvient toujours. Pendant l'incarnation, il peut les oublier en partie momentanément, mais l'intuition qui lui en reste aide à son avancement ; sans cela ce serait toujours à recommencer. A chaque existence nouvelle l'Esprit prend son point de départ, de celui où il 'était resté dans sa précédente existence. »

« Il doit y avoir une grande connexion entre deux existences successives ? »

« Pas toujours aussi grande que tu pourrais le croire, car les positions sont souvent bien différentes, et dans, l'intervalle l'esprit a pu progresser. »

219 : « Quelle est l'origine des facultés extraordinaires des individus qui, sans étude préalable, semblent avoir l'intuition de certaines connaissances comme les langues, le calcul, etc. »

« Souvenir du passé ; progrès antérieur de l'âme, mais dont lui-même n'a pas conscience. D'où veux-tu qu'elles lui viennent ? Le corps change, mais l'Esprit ne change pas, quoiqu'il change de vêtements. »

220 : « En changeant de corps, peut-on perdre certaines facultés intellectuelles, ne plus avoir par exemple, le goût des arts ? »

« Oui, si l'on a souillé cette intelligence, ou si où en a fait un mauvais emploi. Une faculté peut, en outre, sommeiller pendant une existence, parce que l'Esprit veut en exercer une autre qui n'y a pas de rapport ; alors elle reste à l'état latent pour reparaître plus tard. »

ESPRITS ERRANTS

« Livre des Esprits, p. 108 »

223 : « L'âme se réincarne-t-elle immédiatement après sa séparation du corps ? »

« Quelquefois immédiatement, mais le plus souvent après des intervalles plus ou moins longs. Dans les mondes supérieurs la réincarnation est presque toujours immédiate ; la matière corporelle étant moins grossière, l'Esprit incarné y jouit presque de toutes ses facultés d'Esprit. Son état normal est celui de vos somnambules lucides. »

224 : « Que devient l'âme dans l'intervalle des incarnations ? »

« Esprit errant qui aspire après sa nouvelle destinée ; il attend. »

« Quelle peut être la durée de ces intervalles ? »

« De quelques heures à quelques milliers de siècles ? Au reste il n'y a point, à proprement parler, de limite assignée à l'état errant qui peut se prolonger fort longtemps, mais qui, cependant, n'est jamais perpétuel ; l'Esprit trouve toujours tôt ou tard à recommencer une existence qui sert à la purification de ses existences précédentes. »

« Cette durée est-elle subordonnée à la volonté de l'Esprit où peut-elle être imposée comme expiation ? »

« C'est une conséquence du libre arbitre ; les Esprits savent parfaitement ce qu'ils font, mais il y en a aussi pour qui c'est une punition infligée par Dieu. D'autres demandent à la prolonger pour suivre des études qui ne peuvent se faire avec fruit qu'à l'état d'Esprit. »

225 : « L'erraticité est-elle, par elle-même, un signe d'infériorité chez les Esprits ? »

« Non, car il y a des Esprits errants à tous les degrés. L'incarnation est un état transitoire, nous l'avons dit : dans son état normal l'Esprit est dégagé de la matière. »

CHOIX DES EPREUVES

« Livre des Esprits, p. 125 »

258 : « A l'état errant, et avant de prendre une nouvelle existence corporelle, l'Esprit a-t-il la conscience et la prévision des choses qui lui arriveront pendant la vie ? »

« Il choisit lui-même le genre d'épreuves qu'il veut subir, et c'est en cela que consiste son libre arbitre. »

« Ce n'est donc point Dieu qui lui impose les tribulations de la vie comme châtiment ? »

« Rien n'arrive sans la permission de Dieu, car c'est lui qui a établi toutes les lois qui régissent l'univers, demandez donc pourquoi il a fait telle loi plutôt que telle autre. En donnant à l'Esprit la liberté du choix, il lui laisse toute la responsabilité de ses actes et de leurs conséquences ; rien n'entrave son avenir, la route du bien est à lui comme celle du mal. Mais s'il succombe, il lui reste une consolation, c'est que tout n'est pas fini pour lui, et que Dieu, dans sa bonté, le laisse libre de recommencer ce qu'il a mal fait. Il faut d'ailleurs distinguer ce qui est l'œuvre de la volonté de Dieu, et ce qui est celle de l'homme. Si un danger vous menace, ce n'est pas vous qui avez créé ce danger, c'est Dieu ; mais vous avez la volonté de vous y exposer parce que vous y avez un moyen d'avancement, et Dieu l'a permis. »

259 : « Si l'Esprit a le choix du genre d'épreuve qu'il doit subir, s'ensuit-il que toutes les tribulations que nous éprouvons dans la vie ont été prévues et choisies par nous ? »

« Toutes, n'est pas le mot, car ce n'est pas à dire que vous avez choisi et prévu tout ce qui vous arrive dans le monde, jusque dans les moindres choses ; vous avez choisi le genre d'épreuve, les faits de détails sont la conséquence de la position, et souvent de nos propres actions. Si l'Esprit a voulu naître parmi les malfaiteurs, par exemple, il savait à quels entraînements il s'exposait, mais non chacun des actes qu'il accomplirait, ces actes sont l'effet de sa volonté, ou de son libre arbitre. L'Esprit sait qu'en choisissant telle route il aura tel genre de lutte à subir ; il sait donc la nature des vicissitudes qu'il rencontrera, mais il ne sait pas si ce sera plutôt tel événement que tel autre. Les événements de détail naissent des circonstances et de la force des choses. Il n'y a que les grands événements, ceux qui influent sur la destinée, qui sont prévus. Si tu prends une route remplie d'ornières, tu sais que tu as de grandes précautions à prendre parce que tu as des chances de tomber, mais tu ne sais pas dans quel endroit tu tomberas et il se peut que tu ne tombes pas si tu es assez prudent. Si en passant dans la rue, il te tombe une tuile sur la tête, ne crois pas que c'était écrit, comme on le dit vulgairement. »

260 : « Comment l'Esprit peut-il vouloir naître parmi les gens de mauvaise vie ? »

« Il faut bien qu'il soit envoyé dans un milieu où il puisse subir l'épreuve qu'il a demandée. Eh bien ! Il faut donc qu'il y ait de l'analogie ; pour lutter contre l'instinct de brigandage, il faut qu'il se trouve avec des gens de cette sorte. »

« S'il n'y avait pas des gens de mauvaise vie sur la terre, l'Esprit ne pourrait donc y trouver le milieu nécessaire à certaines épreuves ? »

« Est-ce qu'il faudrait s'en plaindre ? C'est ce qui a lieu dans les mondes supérieurs où le mal n'a pas accès ; c'est pourquoi il n'y a que de bons Esprits. Faites qu'il en soit bientôt de même sur votre terre. »

RETOUR A LA VIE CORPORELLE

«Livre des Esprits, p. 149»

330 : « Les Esprits connaissent-ils l'époque à laquelle ils seront réincarnés ? »

« Ils la pressentent, comme l'aveugle sent le feu dont il s'approche. Ils savent qu'ils doivent reprendre un corps, comme vous savez que vous devez mourir un jour, mais sans savoir quand cela arrivera. »

« La réincarnation est donc une nécessité de la vie corporelle ? »

« Assurément il en est ainsi. »

331 : « Tous les Esprits se préoccupent-ils de leur réincarnation ? »

« Il en est qui n'y songent nullement, qui même ne la comprennent pas ; cela dépend de leur nature plus ou moins avancée. Pour quelques-uns l'incertitude où ils sont de leur avenir est une punition. »

332 : « L'Esprit peut-il rapprocher ou retarder le moment de sa réincarnation ? »

« Il peut le rapprocher en l'appelant de ses vœux ; il peut l'éloigner s'il recule devant l'épreuve, car parmi les Esprits il y a aussi des lâches et des indifférents, mais il ne le fait pas impunément ; il en souffre comme celui qui recule devant un remède salutaire qui peut le guérir. »

333 : « Si un Esprit se trouvait assez heureux d'une condition moyenne parmi les Esprits errants, et qu'il n'eut pas l'ambition de monter, pourrait-il prolonger cet état indéfiniment ? »

« Non, pas indéfiniment ; l'avancement est un besoin que l'Esprit éprouve tôt ou tard. Tous doivent monter, c'est leur destinée. »

339 : « Le moment de l'incarnation est-il accompagné d'un trouble semblable à celui qui a lieu à la sortie du corps ? »

« Beaucoup plus grand et surtout plus long. A la mort l'Esprit sort de l'esclavage ; à la naissance il y rentre. »

340 : « L'instant où un Esprit doit s'incarner est-il pour lui un instant solennel ? Accomplit-il cet acte comme une chose grave et importante pour lui ? »

« Il est comme un voyageur qui s'embarque pour une traversée périlleuse, et qui ne sait s'il ne doit pas trouver la mort dans les vagues qu'il affronte. »

341 : « L'incertitude où se trouve l'Esprit sur l'éventualité du succès des épreuves qu'il va subir dans la vie, est-elle pour lui une cause d'anxiété avant son incarnation ? »

« Une anxiété bien grande, puisque les épreuves de son existence le retarderont ou l'avanceront selon qu'il les aura bien ou mal supportées. »

342 : « Au moment de sa réincarnation, l'Esprit est-il accompagné par d'autres Esprits de ses amis qui viennent assister à son départ du monde spirite, comme ils viennent le recevoir lorsqu'il y rentre ? »

« Cela dépend de la sphère que l'Esprit habite. S'il est dans les sphères où règne l'affection, les Esprits qui l'aiment l'accompagnent jusqu'au dernier moment, l'encouragent et souvent le suivent dans la vie. »

343 : « Les Esprits amis qui nous suivent dans la vie sont-ils parfois ceux que nous voyons en songe, qui nous témoignent de l'affection et qui se présentent à nous sous des traits inconnus ? »

« Très souvent ce sont eux, ils viennent vous visiter comme vous allez voir un prisonnier sous les verrous. »

Dans l'Evangile selon le Spiritisme, p. 34.

3. Après la transfiguration, ses disciples l'interrogèrent et lui dirent : Pourquoi donc les scribes disent-ils qu'il faut qu'Elie revienne auparavant ? Mais Jésus leur répondit : Il est vrai qu'Elie doit revenir et rétablir toutes choses ; mais je vous déclare qu'Elie est déjà venu et ils ne l'ont point connu, mais ils l'ont traité comme il leur a plu. C'est ainsi qu'ils feront souffrir le Fils de l'Homme. Alors ses disciples

comprirent que c'était de Jean-Baptiste qu'il leur avait parlé. (Saint Mathieu, chapitre XVII, v. 10 à 13 ; Saint Marc, chapitre XVIII, v. 10, 11, 12)

RÉSURRECTION ET RÉINCARNATION

4. La réincarnation faisait partie des dogmes Juifs sous le nom de résurrection : seuls les Saducéens, qui pensaient que tout finit à la mort n'y croyaient pas. Les idées des Juifs sur ce point, comme sur beaucoup d'autres, n'étaient pas clairement définies, parce qu'ils n'avaient que des notions vagues et incomplètes sur l'âme et sa liaison avec le corps. Ils croyaient qu'un homme qui a vécu pouvait revivre sans se rendre un compte précis de la manière dont la chose pouvait avoir lieu ; ils désignaient par le mot résurrection ce que le spiritisme appelle plus judicieusement réincarnation. En effet, la résurrection suppose le retour à la vie du corps qui est mort, ce que la science démontre être matériellement impossible, surtout quand les éléments du corps sont depuis longtemps dispersés et absorbés. La réincarnation est le retour de l'âme ou Esprit à la vie corporelle, mais dans un corps nouvellement formé pour lui, et qui n'a rien de commun avec l'ancien. La résurrection pouvait s'appliquer à Lazare, mais non à Elie, ni aux autres prophètes. Si donc, selon leur croyance Jean-Baptiste était Elie, le corps de Jean ne pouvait être celui d'Elie puisque on avait vu Jean enfant et que l'on connaissait son père et sa mère. Jean, pouvait être Elie réincarné mais non ressuscité.

5. Or, il y avait un homme d'entre les Pharisiens, nommé Nicodème, sénateur des Juifs, qui vint la nuit trouver Jésus, et lui dit : Maître nous savons que vous êtes venu de la part de Dieu pour nous instruire comme un docteur ; car personne ne saurait faire les miracles que vous faites, si Dieu n'est avec lui.

Jésus lui répondit : En vérité, en vérité, je vous le dis : *Personne ne peut voir le royaume de Dieu s'il ne naît de nouveau.*

Nicodème lui dit : Comment peut naître un homme qui est déjà vieux ? Peut-il rentrer dans le sein de sa mère, pour naître une seconde fois ?

Jésus lui répondit : En vérité, en vérité, je vous le dis : Si un homme ne renaît de l'eau et de l'Esprit, il ne peut entrer dans le royaume de Dieu. Ce qui est né de la chair est chair, ce qui est né de l'Esprit est Esprit. Ne vous étonnez pas de ce que je vous ai dit, qu'il faut que vous naissiez de nouveau. L'Esprit souffle où il veut, et vous entendez sa voix mais vous ne savez d'où il vient, ni où il va, il en est de même de tout homme qui est né de l'Esprit.

Nicodème lui répondit : Comment cela peut-il se faire ! Jésus lui dit : Quoi ! Vous êtes maître en Israël et vous ignorez ces choses ! En vérité, en vérité, je vous dis que nous disons ce que nous savons et que nous ne rendons témoignage que de ce que nous avons vu ; et cependant vous ne recevez point notre témoignage. Mais si vous ne me croyez pas lorsque je vous parle des choses de la terre, comment me croirez-vous lorsque je vous parlerai des choses du Ciel ? (Saint Jean, ch. III, V. de 1 à 12).

6. La pensée que Jean-Baptiste était Elie et que les prophètes pouvaient de nouveau revivre sur la terre se trouve en maints passages des Evangiles.

Si cette croyance avait été une erreur, Jésus n'eut pas manqué de la combattre, comme il en a combattu, tant d'autres ; loin de là il la sanctionne de toute son autorité et la pose en principe et comme une condition nécessaire quand il dit : *Personne ne peut voir le royaume des cieux s'il ne naît de nouveau* ; et il insiste en ajoutant : *Ne vous étonnez pas de ce que je vous dis qu'il **FAUT** que vous naissiez de nouveau.*

7. Ces mots : si un homme ne renaît de *l'eau et de l'Esprit*, ont été interprétés dans le sens de la régénération par l'eau du baptême mais le texte primitif portait simplement : *Ne renaît de l'eau et de l'Esprit*, tandis que, dans certaines traductions à *de l'Esprit* on a substitué : *du Saint Esprit* qui ne répond plus à, la même pensée. Ce point capital ressort des premiers commentaires faits sur l'Evangile ainsi que cela sera un jour constaté sans équivoque possible[3].

8. Pour comprendre le sens véritable de ces paroles, il faut également se reporter à la signification du mot eau qui n'était point employé dans son acception propre.

Les connaissances des Anciens sur les sciences physiques étaient très imparfaites, ils croyaient que la terre était sortie des eaux, c'est pourquoi ils regardaient l'eau comme l'élément régénérateur absolu ; c'est ainsi que dans la Genèse il est dit : « l'Esprit de Dieu était porté sur les eaux ; flottait à la surface des eaux - que le firmament soit fait au milieu des eaux - que les eaux qui sont sous le ciel se rassemblent en un seul lieu et que l'élément aride paraisse - que les eaux produisent des animaux vivants qui nagent dans l'eau et des oiseaux qui volent sur la terre et sous le firmament ».

D'après cette croyance, l'eau était devenue le symbole de la nature matérielle, comme l'Esprit était celui de la nature intelligente, ces mots : « Si l'homme ne renaît de l'eau et de l'Esprit, ou en eau et en Esprit » signifient donc « Si l'homme ne renaît avec son corps et son âme ». C'est dans ce sens qu'ils ont été compris dans ce principe.

Cette interprétation est d'ailleurs justifiée par ces autres paroles : *Ce qui est né de la chair est chair et ce qui est né de l'Esprit est Esprit*. Jésus fait ici une distinction positive entre l'Esprit et le corps. *Ce qui est né de la chair est chair*, indique clairement que le corps seul procède du corps, et que l'Esprit est indépendant du corps.

43

9. *L'Esprit souffle où il veut ; vous entendez sa voix, mais vous ne savez ni d'où il vient ni où il va*, peut s'entendre de l'Esprit de Dieu qui donne la vie à qui il veut, ou de l'âme de l'homme dans cette dernière acceptation : « Vous ne savez ni d'où il vient ni où il va », signifie que l'on ne connaît ni ce qu'a été, ni ce que sera l'Esprit. Si l'Esprit ou l'âme était créé en même temps que le corps, on saurait d'où il vient, puisqu'on connaîtrait son commencement. En tout état de cause, ce passage est la consécration du principe de la préexistence de l'âme et par conséquent de la pluralité des existences.

10. Or, depuis le temps de Jean-Baptiste jusqu'à présent le royaume des cieux se prend par la violence et ce sont les violents qui l'emportent - car jusqu'à Jean tous les prophètes, aussi bien que la loi, ont prophétisé - *et si vous voulez comprendre ce que je vous dis, c'est lui-même qui est Elie qui doit venir* - que celui-là entende qui a des oreilles pour entendre (Saint Mathieu, ch. XI, v, 12 à 15).

11. Si le principe de la réincarnation exprimé dans saint Jean pouvait, à la rigueur, être interprété dans un sens purement mystique il ne saurait en être de même de ce passage de saint Mathieu, qui est sans équivoque possible : C'est **LUI-MEME** *qui est Elie qui doit venir* ; il n'y a ni figure ni allégorie ; c'est une affirmation positive. - « Depuis le temps de Jean jusqu'à présent le royaume des cieux se prend par la violence ». Que signifient ces paroles, puisque Jean-Baptiste vivait encore à ce moment-là. Jésus les explique en disant : « Si vous voulez comprendre ce que je dis, c'est lui-même qui est Elie qui doit venir ». Or, Jean n'étant autre qu'Elie, Jésus fait allusion au temps où Jean vivait sous le nom d'Elie. « Jusqu'à présent le royaume des cieux se prend par la violence », est une autre allusion à la violence de la loi mosaïque qui commandait l'extermination des infidèles pour gagner la Terre Promise, Paradis des Hébreux, tandis que, selon la nouvelle loi, le Ciel se gagne par la charité et la douceur.

Puis il ajoute : *Que celui-là entende qui a des oreilles pour entendre*. Ces paroles si souvent répétées par Jésus, disent clairement que tout le monde n'était pas en état de comprendre certaines vérités.

12. Ceux de votre peuple qu'on avait fait mourir vivront de nouveau, ceux qui étaient tués au milieu de moi ressusciteront. Réveillez-vous de votre sommeil et chantez les louanges de Dieu, vous qui habitez dans la poussière, parce que la rosée qui tombe sur vous est une rosée de lumière et que vous ruinerez la terre, et le règne des géants. (Isaïe, chapitre XXVI, v19)

13. Ce passage d'Isaïe est tout aussi explicite ; ceux de votre peuple qu'on avait fait mourir *vivront de nouveau*. Si le prophète avait entendu parler de la vie spirituelle, s'il avait voulu dire que ceux que l'on a fait mourir n'étaient pas morts en Esprit, il aurait dit : *vivent encore* et non *vivront de nouveau*. Dans le sens spirituel, ces mots seraient un non-sens, puisqu'ils impliqueraient une interruption dans la vie de l'âme. Dans le sens de régénération morale, ils seraient la négation des peines éternelles, puisqu'ils établissent en principe que tous ceux qui sont morts revivront.

14. Mais quand l'homme est mort une fois, que son corps, séparé de son Esprit, est consumé, que devient-il ? L'homme étant mort une fois, pourrait-il revivre de nouveau ? Dans cette guerre où je me trouve tous les jours de ma vie, j'attends que mon changement arrive. (Job, chapitre XIV, v. 10, 14). (Traduction de Le Maistre de Sancy).

Quand l'homme meurt, il perd toute sa force, il expire ; puis où est-il ? Si l'homme meurt, revivra-t-il ? Attendrai-je tous les jours de mon combat jusqu'à ce qu'il m'arrive quelque changement ? (Traduction protestante d'Osterwald.)

Quand l'homme est mort, il vit toujours ; en finissant les jours de mon existence terrestre, j'attendrai car j'y reviendrai de nouveau. (Version de l'Eglise grecque.)

15. Le principe de la pluralité des existences est clairement exprimé dans ces trois versions. On ne peut supposer que Job ait voulu parler de la régénération par l'eau du baptême qu'il ne connaissait certainement pas. « L'homme étant mort *une fois*, pourrait-*il revivre de nouveau* ». L'idée de mourir une fois et de revivre, implique celle de mourir et de revivre plusieurs fois. La version de l'Eglise grecque est encore plus explicite si c'est possible. « En finissant les jours de mon *existence terrestre*, j'attendrai, car *j'y reviendrai* », c'est-à-dire, je reviendrai à l'existence terrestre. Ceci est aussi clair que si quelqu'un disait : « Je sors de ma maison, mais j'y reviendrai ».

« Dans cette guerre où je me trouve tous les jours de ma vie, j'attends que mon changement arrive. » Job veut évidemment parler de la lutte qu'il soutient contre les misères de la vie, il attend son changement, c'est-à-dire il se résigne. Dans la version grecque, j'attendrai semble plutôt s'appliquer à une nouvelle existence : « Lorsque mon existence terrestre sera finie, j'attendrai car je reviendrai ».

Job semble se placer, après sa mort, dans l'intervalle qui sépare une existence de l'autre et dire que là il attendra son retour.

16. Il n'est donc pas douteux que, sous le nom de résurrection, le principe de la réincarnation était une des croyances fondamentales des Juifs ; qu'il est confirmé par Jésus et les prophètes d'une manière formelle ; d'où il suit que nier la réincarnation c'est renier les paroles du Christ. Ses paroles feront un jour autorité sur ce point comme sur beaucoup d'autres, quand on les méditera sans parti pris.

17. Mais à cette autorité, au point de vue religieux, vient s'ajouter, au point de vue philosophique, celle des preuves qui résultent de l'observation des faits ; quand des effets on veut remonter aux causes, la réincarnation apparaît comme une nécessité absolue, comme une condition inhérente à l'humanité, en un mot, comme une loi de nature ; elle se révèle par ses résultats d'une manière pour ainsi dire matérielle, comme le moteur caché se révèle par le mouvement ; elle seule peut dire à l'homme d'où il vient, où il va, pourquoi il est sur la terre, et justifier toutes les anomalies et toutes les injustices apparentes que présente la vie.

Sans le principe de la préexistence de l'âme et de la pluralité des existences, la plupart des maximes de l'Evangile sont inintelligibles : c'est pourquoi elles ont donné lieu à des interprétations si contradictoires, ce principe est la clef qui doit leur restituer leur véritable sens.

LES LIENS DE FAMILLE

Fortifiés par la réincarnation et brisés par l'unité d'existence.

18. Les liens de la famille ne sont pas détruits par la réincarnation, ainsi que le pensent certaines personnes ; ils sont au contraire fortifiés et resserrés : c'est le principe opposé qui les détruit.

Les Esprits forment dans l'espace des groupes ou familles unis par l'affection, la sympathie et la similitude des inclinations ; ces Esprits heureux d'être ensemble, se recherchent, l'incarnation ne les sépare que momentanément, car, après leur rentrée dans l'erraticité, ils se retrouvent comme des amis au retour d'un voyage. Souvent même ils se suivent dans l'incarnation, où ils sont réunis dans une même famille, ou dans un même cercle, travaillant ensemble à leur mutuel avancement. Si les uns sont incarnés et que les autres ne le soient pas, ils ne sont pas moins unis par la pensée ; ceux qui sont libres veillent sur ceux qui sont en captivité ; les plus avancés cherchent à faire progresser les retardataires. Après chaque existence ils ont fait un pas dans la voie de la perfection ; de moins en moins attachés à la matière leur affection est plus vive par cela même qu'elle est plus épurée, qu'elle n'est plus troublée par l'égoïsme ni par les nuages des passions. Ils peuvent donc ainsi parcourir un nombre illimité d'existences corporelles sans qu'aucune atteinte soit portée à leur affection mutuelle.

Il est bien entendu qu'il s'agit ici de l'affection réelle d'âme à âme, la seule qui survive à la destruction du corps, car les êtres qui ne s'unissent ici bas que par les sens n'ont aucun motif de se rechercher dans le monde des Esprits. Il n'y a de durable que les affections spirituelles, les affections charnelles s'éteignent avec la cause qui les a fait naître. Or cette cause n'existe plus dans le monde des Esprit, tandis que l'âme existe toujours. Quant aux personnes unies par le seul mobile de l'intérêt elles ne sont réellement rien l'une à l'autre, la mort les sépare sur la terre et dans le ciel.

19. L'union et l'affection qui existent entre les parents sont un indice de la sympathie antérieure qui les a rapprochés ; aussi dit-on d'une personne dont les goûts, les inclinations n'ont aucune similitude avec ceux de ses proches, qu'elle n'est pas de la famille. En disant cela on énonce une plus grande vérité qu'on ne le croit. Dieu permet, dans les familles, ces incarnations d'Esprits antipathiques ou

étrangers dans un double but, servir d'épreuves pour les uns et de moyen d'avancement pour les autres.

Puis les mauvais s'améliorent peu à peu au contact des bons et par les soins qu'ils reçoivent leur caractère s'adoucit, leurs mœurs s'épurent et les antipathies s'effacent ; c'est ainsi que s'établit la fusion entre différentes catégories d'Esprits, comme elle s'établit sur la terre entre les races et les peuples.

20. La crainte de l'augmentation indéfinie de la parenté, par suite de la réincarnation, est une crainte égoïste qui prouve que l'on ne veut pas un amour assez large pour le reporter sur un grand nombre de personnes. Un père qui a plusieurs enfants les aime-t-il donc moins que s'il n'en avait qu'un seul ? Mais que les égoïstes se rassurent, cette crainte n'est pas fondée. De ce qu'un homme aura eu dix incarnations, il ne s'ensuit pas qu'il retrouvera dans le monde des Esprits dix pères, dix mères, dix femmes et un nombre proportionné d'enfants et de nouveaux parents ; il n'y retrouvera toujours que les mêmes objets de son affection qui lui auront été attachés sur la terre à des titres différents et peut-être au même titre.

21. Voyons maintenant les conséquences de la doctrine de non-réincarnation. Cette doctrine annule nécessairement la préexistence de l'âme ; les âmes étant créées en même temps que le corps, il n'existe entre elles aucun lien antérieur ; elles sont complètement étrangères les unes aux autres ; le père est étranger à son fils ; la filiation des familles se trouve réduite à la seule filiation corporelle sans aucun lien spirituel. Il n'y a donc aucun motif de se glorifier d'avoir eu pour ancêtres tels ou tels personnage illustres, avec la réincarnation, ancêtres et descendants peuvent s'être connus, avoir vécu ensemble, s'être aimés, et se trouver réunis plus tard pour resserrer leurs liens sympathiques.

22. Voilà pour le passé. Quant à l'avenir, selon un des dogmes fondamentaux qui découle de la non-réincarnation, le sort des âmes est irrévocablement fixé après une seule existence ; la fixation définitive du sort implique la cessation de tout progrès, car s'il y a progrès quelconque il n'y a plus de sort définitif ; selon qu'elles ont bien ou mal vécu, elles vont immédiatement dans le séjour des bienheureux ou dans l'enfer éternel ; elles sont ainsi immédiatement séparées pour toujours, et sans espoir se rapprocher jamais, de telle sorte que pères, mères, enfants, maris et femmes, frères ou sœurs, amis, ne sont jamais certains de se revoir, c'est la rupture la plus absolue des liens de la famille.

Avec la réincarnation, et le progrès qui en est la conséquence, tous ceux qui se sont aimés se retrouvent sur la terre et dans l'espace, et gravitent ensemble pour arriver à Dieu. S'il en est qui faillissent en route ils retardent leur avancement et leur bonheur ; mais tout espoir n'est pas perdu ; aidés, encouragés et soutenus par ceux qui les aiment, ils sortiront un jour du bourbier où ils sont engagés. Avec la réincarnation enfin, il y a solidarité perpétuelle entre les incarnés et, les désincarnés, de là le resserrement de liens d'affection.

23. En résumé, quatre alternatives se présentent à l'homme, pour son avenir d'outre-

tombe : 1^0 Le néant, selon la doctrine matérialiste ; 2^0 L'absorption dans le tout universel, selon la doctrine panthéiste ; 3^0 L'individualité avec fixation définitive du sort, selon la doctrine de l'Eglise ; 4^0 L'individualité avec progression indéfinie, selon la doctrine spirite. Selon les deux premières, les liens de la famille sont rompus après la mort, et il n'y a nul espoir de se retrouver ; avec la troisième, il y a chance de se revoir, pourvu qu'on soit dans le même milieu, et ce milieu peut être l'enfer comme le paradis ; avec la pluralité des existences qui est inséparable de la progression graduelle, il y a certitude de la continuité des rapports entre ceux qui se sont aimés et c'est là ce qui constitue la véritable famille.

LIMITE DE L'INCARNATION

Quelles sont les limites de l'incarnation ?

24. L'incarnation n'a point, à proprement parler, de limites nettement tracées, si l'on entend par là l'enveloppe qui constitue le corps de l'Esprit, attendu que la matérialité de cette enveloppe diminue à mesure que l'Esprit se purifie. Dans certains mondes plus avancés que la terre, elle est déjà moins compacte, moins lourde et moins grossière, et par conséquent sujette à moins de vicissitudes ; à un degré plus élevé, elle se dématérialise et finit par se confondre avec le périsprit. Selon le monde sur lequel l'Esprit est appelé à vivre, celui-ci prend l'enveloppe appropriée à la nature de ce monde.

Le périsprit lui-même subit des transformations successives ; il s'éthérise de plus en plus jusqu'à l'épuration complète qui constitue les purs Esprits. Si des mondes spéciaux sont affectés, comme stations, aux Esprits très avancés, ces derniers n'y sont point attachés comme dans les mondes inférieurs ; l'état de dégagement où ils se trouvent leur permet de se transporter partout où les appellent les missions qui leur sont confiées.

Si l'on considère l'incarnation au point de vue matériel, telle qu'elle a lieu sur terre, on peut dire qu'elle est limitée aux mondes inférieurs ; il dépend de l'Esprit, par conséquent, de s'en affranchir plus ou moins promptement en travaillant à son épuration.

Il est à considérer aussi que dans l'état errant, c'est-à-dire dans l'intervalle des existences corporelles, la situation de l'Esprit est en rapport avec la nature du monde auquel le lie son degré d'avancement ; qu'ainsi, dans l'erraticité, il est plus ou moins heureux, libre, éclairé selon qu'il est plus ou moins dématérialisé.

NECESSITE DE L'INCARNATION

25. L'incarnation est-elle une punition, et n'y a-t-il que les Esprits coupables qui y soient assujettis ?

Le passage des Esprits par la vie corporelle est nécessaire pour que ceux-ci puissent accomplir, à l'aide d'une action matérielle, les desseins dont Dieu leur confie l'exécution ; elle est nécessaire pour eux-mêmes parce que l'activité qu'ils sont obligés de déployer aide au développement de l'intelligence. Dieu étant souverainement juste doit faire une part égale, à tous ses enfants ; c'est pour cela qu'il donne à tous un même point de départ, la même aptitude, les mêmes obligations à remplir et la même liberté d'agir ; tout privilège serait une préférence, toute préférence une injustice. Mais l'incarnation n'est pour tous les Esprits qu'un état transitoire, c'est une tâche que Dieu leur impose à leur début dans la vie, comme première épreuve de l'usage qu'ils feront de leur libre arbitre. Ceux qui remplissent cette tâche avec zèle franchissent rapidement et moins péniblement ces premiers degrés de l'initiation et jouissent plus tôt du fruit de leurs travaux. Ceux, au contraire, qui font un mauvais usage de la liberté que Dieu leur accorde retardent leur avancement. C'est ainsi que, par leur obstination, ils peuvent prolonger indéfiniment la nécessité de se réincarner et c'est alors que l'incarnation devient un châtiment.

26. Remarque. Une comparaison vulgaire fera mieux comprendre cette différence. L'écolier n'arrive aux grades de la science qu'après avoir parcouru la série des classes qui y conduisent. Ces classes, quel que soit le travail qu'elles exigent, sont un moyen d'arriver au but, et non une punition. L'écolier laborieux abrège la route, et y trouve moins d'épines, il en est autrement pour celui que sa négligence, sa paresse, obligent à redoubler certaines classes, ce n'est pas le travail de la classe qui est une punition, mais l'obligation de recommencer le même travail.

Ainsi en est-il de l'homme sur la terre. Pour l'Esprit du sauvage qui est presque au début de la vie spirituelle, l'incarnation est un moyen de développer son intelligence, mais pour l'homme éclairé, en qui le sens moral est largement développé, et qui est obligé de redoubler les étapes d'une vie corporelle pleine d'angoisses, tandis qu'il pourrait déjà être arrivé au but, c'est un châtiment par la nécessité où il est de prolonger son séjour dans les mondes inférieurs et malheureux. Celui qui, au contraire, travaille activement à son progrès moral peut, non seulement abréger la durée de l'incarnation matérielle, mais franchir en une fois les degrés intermédiaires qui le séparent des mondes supérieurs.

Les Esprits ne pourraient-ils s'incarner qu'une seule fois sur le même globe, et accomplir leurs différentes existences dans des sphères différentes ? Cette opinion ne serait admissible que si tous les hommes étaient, sur la terre, exactement au même niveau intellectuel et moral. Les différences qui existent entre eux, depuis le sauvage jusqu'à l'homme civilisé, montrent les degrés qu'ils sont appelés à franchir. L'incarnation, d'ailleurs, doit avoir un but utile ; or quel serait celui des incarnations éphémères, des enfants qui meurent en bas âge ? Ils auraient souffert sans profit ni pour eux ni pour autrui ; Dieu dont toutes les lois sont souverainement sages, ne fait rien d'inutile. Par la réincarnation sur le même globe, il a voulu que les mêmes Esprits se trouvant de nouveau en contact, eussent occasion de réparer leurs torts réciproques ; par le fait de leurs relations antérieures il a voulu en outre, fonder les biens de la famille sur une base spirituelle, et appuyer sur une loi de nature les principes de solidarité, de fraternité et d'égalité.

MÉTEMPSYCOSE ET PLURALITÉ DES EXISTENCES

Qu'est-ce que le Spiritisme, p. 100.

La métempsycose des anciens consistait dans la transmigration de l'âme humaine dans les animaux, ce qui impliquait une dégradation. Du reste cette doctrine n'était pas ce que l'on croit vulgairement.

La transmigration dans les animaux n'était point considérée comme une condition inhérente à la nature de l'âme humaine, mais comme un châtiment temporaire, c'est ainsi que les âmes des meurtriers passaient dans le corps des bêtes féroces pour y recevoir une punition ; celles des impudiques dans les porcs et les sangliers, celles des inconstants et des évaporés dans les oiseaux ; celles des paresseux, des ignorants, dans les animaux aquatiques. Après quelques milliers d'années, plus ou moins selon la culpabilité, de ces sortes de prisons, l'âme rentrait dans l'humanité. L'incarnation animale n'était donc pas une condition absolue, et elle s'alliait comme on le voit, à la réincarnation humaine, et la preuve en est que la punition des hommes timides consistait à passer dans le corps des femmes exposées au mépris et aux injures. C'était une sorte d'épouvantail pour les simples, bien plus qu'un article de foi chez les philosophes, De même qu'on dit aux enfants : « Si vous êtes méchants, le loup vous mangera», les Anciens disaient aux criminels : Vous deviendrez loups. Aujourd'hui on leur dit : « Le diable vous prendra et vous emportera dans l'enfer ».

La pluralité des existences, selon le Spiritisme, diffère essentiellement de la métempsycose, en ce qu'elle n'admet pas l'incarnation de l'âme dans les animaux, même comme punition. Les Esprits enseignent que l'âme ne rétrograde pas, mais qu'elle progresse sans cesse. Ses différentes incarnations corporelles s'accomplissent dans l'humanité ; chaque existence est pour elle un pas en avant dans la voie du progrès intellectuel et moral, ce qui est bien différent, ne pouvant acquérir un développement complet dans une seule existence souvent abrégée par des causes accidentelles, Dieu lui permet de continuer dans une nouvelle incarnation, la tâche qu'elle n'a pu achever ou de recommencer ce qu'elle aura mal fait. L'expiation, dans la vie corporelle, consiste dans les tribulations que l'on y endure.

Quant à la question de savoir si la pluralité des existences est ou n'est pas contraire à certains dogmes de l'Eglise, je me bornerai à dire ceci : de deux choses l'une, ou la réincarnation existe ou elle n'existe pas ; si elle existe, c'est qu'elle est dans les lois de la nature. Pour prouver qu'elle n'existe pas, il faudrait prouver qu'elle est contraire, non aux dogmes, mais à ces lois et qu'on en pût trouver une autre qui expliquât plus clairement et plus logiquement les questions qu'elle seule peut résoudre.

Du reste, il est facile de démontrer que certains dogmes y trouvent une sanction rationnelle qui les fait accepter par ceux qui les repoussaient faute de les comprendre. Il ne s'agit donc pas de détruire, mais d'interpréter, ce qui aura lieu plus tard par la force des choses. Ceux qui ne voudront pas accepter l'interprétation seront parfaitement libres, comme ils le sont aujourd'hui de croire que c'est le soleil qui tourne.

L'idée de la pluralité des existences se vulgarise avec une étonnante rapidité, en raison de son extrême logique et de sa conformité avec la justice de Dieu. Quand elle sera reconnue comme vérité naturelle et acceptée par tout le monde, que fera l'Eglise ?

En résumé, la réincarnation n'est point un système imaginé pour les besoins d'une cause, ni une opinion personnelle ; c'est ou ce n'est pas un fait. S'il est démontré que certaines choses qui existent sont matériellement impossibles sans la réincarnation, il faut bien admettre qu'elles sont le fait de la réincarnation, donc si elle est dans la nature, elle ne saurait être annulée par une opinion contraire.

REINCARNATION

« La Genèse, p. 242 ».

33. Le principe de la réincarnation est une conséquence nécessaire de la loi du progrès. Sans la réincarnation comment expliquer la différence qui existe entre l'état social actuel et celui des temps de barbarie ? Si les âmes sont créées en même temps que les corps, celles qui naissent aujourd'hui sont tout aussi neuves, tout aussi primitives que celles qui vivaient il y a mille ans, ajoutons qu'il n'y aurait entre elles aucune connexion, aucune relation nécessaire ; qu'elles seraient

complètement indépendantes les unes des autres. Pourquoi les âmes d'aujourd'hui seraient-elles mieux douées par Dieu que leurs devancières ? Pourquoi comprennent-elles mieux ? Pourquoi ont-elles des instincts plus épurés ? Des mœurs plus douces ? Pourquoi ont-elles l'intuition de certaines choses sans les avoir apprises ? Nous défions de sortir de là, à moins d'admettre que Dieu crée des âmes de diverses qualités selon les temps et les lieux, proposition inconciliable avec l'idée d'une souveraine justice.

Dites, au contraire que les âmes d'aujourd'hui ont, déjà vécu dans les temps reculés, qu'elles ont pu être barbares comme leur siècle, mais qu'elles ont progressé ; qu'à chaque nouvelle existence elles apportent l'acquis des existences antérieures ; que par conséquent les âmes des temps civilisés sont des âmes non pas parfaites, mais qui se sont perfectionnées elles-mêmes avec le temps et vous aurez la seule explication plausible de la cause du progrès des Esprits.

34. Quelques personnes pensent que les différentes existences de l'âme s'accomplissent de monde en monde, et non sur un même globe où chaque Esprit ne paraîtrait qu'une seule fois.

Cette doctrine serait admissible, si tous les habitants de la terre étaient exactement au même niveau intellectuel et moral ; ils ne pourraient alors progresser qu'en allant dans un autre monde, et leur réincarnation sur la terre serait sans utilité ; or Dieu ne fait rien d'inutile. Dès l'instant qu'on y trouve tous les degrés d'intelligence et de moralité, depuis la sauvagerie qui côtoie l'animal jusqu'à la civilisation la plus avancée, elle offre un vaste champ au progrès ; on se demanderait pourquoi le sauvage serait obligé d'aller chercher ailleurs le degré au-dessus de lui quand il le trouve à côté de lui et ainsi de proche en proche pourquoi l'homme avancé n'aurait pu faire ses premières étapes que dans des mondes inférieurs, alors que les analogues de tous ces mondes sont autour de lui, qu'il y a différents degrés d'avancement, non seulement de peuple à peuple, mais dans le même peuple et la même famille ? S'il en était ainsi, Dieu aurait fait quelque chose d'inutile en plaçant côte à côte l'ignorance et le savoir, la barbarie et la civilisation, le mal et le bien, tandis que c'est précisément ce contact qui fait avancer les retardataires.

Il n'y a donc pas plus de nécessité à ce que les hommes changent de monde à chaque étape, qu'il n'y en a pour qu'un écolier change de collège à chaque classe ; bien que cela fût un avantage pour le progrès, ce serait une entrave car l'Esprit serait privé de l'exemple que lui offre la vue des degrés supérieurs et la possibilité de réparer ses torts dans le même milieu et à l'égard de ceux qu'on a offensés, possibilité qui est pour lui le plus puissant moyen d'avancement moral. Après une courte cohabitation, les Esprits se dispersant et devenant étrangers les uns aux autres, les liens de famille et d'amitié, n'ayant pas eu le temps de se consolider, seraient rompus.

A l'inconvénient moral se joindrait un inconvénient matériel. La nature des éléments, les lois organiques, les conditions d'existence varient selon les mondes ; sous ce rapport, il n'y en a pas deux qui soient parfaitement identiques. Nos traités de physique, de chimie, d'anatomie, de médecine, de botanique, etc., ne serviraient à rien dans les autres mondes et cependant ce que l'on y apprend n'est pas perdu ; non seulement cela développe l'intelligence, mais les idées qu'on y puise aident à en acquérir de nouvelles. Si l'Esprit ne faisait qu'une seule apparition, souvent de courte durée, dans le même monde à chaque migration, il se trouverait dans des conditions toutes différentes ; il opérerait chaque fois sur des éléments nouveaux, avec des forces et selon des lois connues par lui, avant d'avoir eu le temps d'élaborer les éléments connus, de les étudier, de s'y exercer. Ce serait chaque fois un nouvel apprentissage et ces changements incessants seraient un obstacle au progrès.

L'Esprit doit donc rester sur le même monde jusqu'à ce qu'il ait acquis la somme de connaissances et le degré de perfection que comporte ce monde.

« 31. Genèse ». On peut comparer les Esprits qui sont venus peupler la terre à ces troupes d'émigrants d'origines diverses qui vont s'établir sur une terre vierge. Ils y trouvent le bois, la pierre pour faire leurs habitations et chacun donne à la sienne un cachet différent, selon le degré de son savoir et son génie particulier. Ils s'y groupent par analogie d'origines et de goûts, ces groupes finissent pas former des tribus, puis des peuples ayant chacun ses mœurs et son caractère propre.

Que les Esprits quittent pour un monde plus avancé celui sur lequel ils ne peuvent plus rien acquérir, cela doit être et cela est ; tel est le principe. S'il en est qui le quittent auparavant, c'est sans doute pour des causes individuelles que Dieu pèse dans sa sagesse.

Tout a un but dans la création, sans quoi Dieu ne serait ni prudent ni sage, or, si la terre ne doit être qu'une seule étape pour le progrès des individus, quelle utilité y aurait-il pour les enfants qui meurent en bas âge d'y venir passer quelques années, quelques mois, quelques heures, pendant lesquelles ils ne peuvent rien acquérir ? Il en est de même pour les idiots et les crétins. Une théorie n'est bonne qu'à la condition de résoudre toutes les questions qui s'y rattachent. La question des morts prématurées a été la pierre d'achoppement de toutes les doctrines, excepté pour la doctrine spirite qui seule l'a résolue d'une manière rationnelle et complète.

Pour ceux qui fournissent sur la terre une carrière normale, il y a pour leur progrès un avantage réel à se retrouver dans le même milieu pour y continuer ce qu'ils ont laissé inachevé, souvent dans la même famille où en contact avec les mêmes personnes pour réparer le mal qu'ils ont pu faire ou pour y subir la peine du talion.

LES CRETINS ET LA REINCARNATION

R. S., 1861, p. 312.

Les crétins sont des êtres punis sur la terre pour mauvais usage qu'ils ont fait de leurs facultés ; leur âme est emprisonnée dans un corps dont les organes impuissants ne peuvent exprimer leurs pensées ; ce mutisme moral et physique est une des plus cruelles punitions, souvent elle est choisie par des Esprits repentants qui veulent racheter leurs fautes. Cette épreuve n'est point stérile, car l'Esprit ne reste pas stationnaire dans sa maison de chair ; ces yeux hébétés voient, ce cerveau déprimé conçoit, mais rien ne peut se traduire ni par la parole ni par le regard, et, sauf le mouvement, ils sont moralement dans l'état des léthargiques des cataleptiques qui voient et entendent ce qui se passe autour d'eux sans pouvoir l'exprimer. Quand vous avez en rêve ces terribles cauchemars où vous voulez fuir un danger, que vous poussez des cris pour appeler au secours, tandis que votre langue reste attachée au palais et vos pieds au sol, vous éprouvez un instant ce que le crétin éprouve toujours : paralysie du corps jointe à la vie de l'Esprit.

Presque toutes les infirmités ont ainsi leur raison d'être rien ne se fait sans cause, et ce que vous appelez l'injustice du sort est l'application de la plus haute justice. La folie est aussi une punition de l'abus de hautes facultés ; le fou a deux personnalités, celle qui extravague et celle qui a conscience de ses actes, sans pouvoir les diriger. Quant aux crétins, la vie contemplative et isolée de leur âme, qui n'a pas les distractions du corps, peut être aussi agitée que les existences les plus compliquées par les événements ; quelques-uns se révoltent contre leur supplice volontaire ; ils regrettent de l'avoir choisi et éprouvent, un furieux désir de revenir à une autre vie, désir qui leur fait oublier la résignation de la vie présente et le remords de la vie passée dont ils ont la conscience, car les crétins et les fous savent plus que vous, et sous leur impuissance physique se cache une puissance morale dont vous n'avez nulle idée. Les actes de fureur ou d'imbécillité auxquels leur corps se livre sont jugés par l'être intérieur qui en souffre et qui en rougit. Ainsi les bafouer, les injurier, les maltraiter même, comme on le fait quelquefois, c'est augmenter leurs souffrances, car c'est leur faire sentir plus durement leur faiblesse et leur abjection et s'ils le pouvaient, ils accuseraient de lâcheté ceux qui n'agissent de cette façon que parce qu'ils savent que leur victime ne peut se défendre.

Remarque. - Il fut un temps où l'on avait mis en question l'âme des crétins et l'on se demandait s'ils appartenaient véritablement à l'espèce humaine. La manière dont le Spiritisme les fait envisager n'est-elle pas d'une moralité et d'un plus grand enseignement ? N'y a-t-il pas matière à sérieuses réflexions en songeant que ces corps disgraciés renferment des âmes qui ont peut-être brillé dans le monde, qui sont aussi lucides et aussi pensantes que les nôtres sous l'épaisse enveloppe qui étouffe les manifestations, et qu'il peut en être de même pour nous si nous abusons des facultés que nous a départies la Providence.

Comment en outre le crétinisme pourrait-il s'expliquer ; comment le faire concorder avec la justice et la bonté de Dieu, sans admettre la pluralité des existences, autrement dit, la réincarnation ? Si l'âme n'a pas déjà vécu, c'est qu'elle est créée en même temps que le corps dans cette hypothèse, comment justifier la création d'âmes aussi déshéritées que celles des crétins de la part d'un Dieu juste et bon ? Car il ne s'agit point d'un de ces accidents comme la folie par exemple que, l'on peut prévenir ou guérir ; ces êtres naissent et meurent dans le même état, n'ayant aucune notion du bien et du mal. Quel est leur sort dans l'éternité ? Seront-ils heureux à l'égal des hommes intelligents et travailleurs ? Mais pourquoi cette faveur puisqu'ils n'ont rien fait de bien ? Seront-ils dans ce qu'on appelle les limbes, c'est-à-dire dans un état mixte qui n'est ni le bonheur ni le malheur. Mais pourquoi cette infériorité éternelle ? Est-ce leur faute si Dieu les a créés crétins ? Nous défions tous ceux qui repoussent la Doctrine de la réincarnation de sortir de cette impasse. Avec la réincarnation, au contraire, ce qui paraît une injustice devient une admirable justice ; ce qui est inexplicable s'explique de la manière la plus rationnelle. Au reste nous ne sachons pas que ceux qui repoussent cette doctrine l'aient jamais combattue avec des arguments plus péremptoires que celui de leur répugnance personnelle à revenir sur la terre. Ils sont bien sûrs d'avoir assez de vertus pour gagner le ciel d'emblée ! Nous leur souhaitons bonne chance. Mais les crétins ? Mais les enfants qui meurent en bas âge ? Quels titres auront-ils à faire valoir ?

LA REINCARNATION

avis d'un Esprit - R. S., 1861, *p. 33.*

La réincarnation, dit-il, c'est l'enfer ; la réincarnation, c'est le purgatoire ; la réincarnation, c'est l'expiation ; la réincarnation, c'est le progrès ; elle est enfin la sainte échelle que doivent gravir tous les hommes ; ces échelons sont les phases des différentes existences à parcourir pour arriver au sommet, car Dieu l'a dit : pour aller à Lui, il faut naître, mourir, renaître, jusqu'à ce qu'on soit arrivé aux limites de la perfection, et nul n'arrive à lui sans avoir été purifié par la réincarnation.

CONSEQUENCES DE LA DOCTRINE DE LA REINCARNATION SUR LA PROPAGATION DU SPIRITISME

R. S., année 1862, p. 106,

Le Spiritisme marche avec rapidité, c'est là un fait que personne ne saurait nier, or quand une chose se propage, c'est qu'elle convient ; donc, si le Spiritisme se propage, c'est qu'il convient. A cela il y a plusieurs causes ; la première est sans contredit, ainsi que nous, l'avons expliqué en diverses circonstances, la satisfaction morale qu'il procure à ceux qui le comprennent et le pratiquent, mais cette cause même reçoit en partie sa puissance du principe de la réincarnation, c'est ce que nous allons essayer de démontrer.

Tout homme qui réfléchit ne peut s'empêcher de se préoccuper de son avenir après sa mort, et cela en vaut bien la peine. Quel est celui qui n'attache pas à sa situation sur la terre, pendant quelques années, plus d'importance qu'à celle de quelques jours ? On fait plus pendant la première partie de la vie, on travaille, on s'exténue de fatigue, on s'impose toutes sortes de privations pour s'assurer dans l'autre moitié un peu de repos et de bien être. Si l'on prend tant de soins pour quelques années éventuelles, n'est-il pas plus rationnel d'en prendre encore davantage pour la vie d'outre-tombe, dont la durée est illimitée ? Pourquoi la plupart travaillent-ils plus pour le présent fugitif, que pour l'avenir sans fin ? C'est qu'on croit à la réalité du présent et qu'on doute de l'avenir ; or, on ne doute que de ce que l'on ne comprend pas, que l'avenir soit compris et le doute cessera. Aux yeux mêmes de celui qui, dans l'état des croyances vulgaires est le mieux convaincu de la vie future, elle se présente d'une façon si vague, que la foi ne suffit pas toujours pour fixer les idées et qu'elle a plus des caractères de l'hypothèse que de ceux de la réalité.

Le Spiritisme vient lever cette incertitude par le témoignage de ceux qui ont vécu et par des preuves en quelque sorte matérielles.

LE CAS DE M. V...[4]

R. S., 1860, p. 205.

Je vous dirai, quelque ridicule que cela puisse paraître, que ma conviction est d'avoir été assassiné lors des massacres de la Saint-Barthélemy, J'étais enfant lorsque cette souvenance vint frapper mon imagination. Plus tard, lorsque je lus cette triste page de notre histoire, il me sembla que beaucoup de ces détails m'étaient connus et je crois encore que si le vieux Paris pouvait se reconstruire, je reconnaîtrais cette sombre allée où, fuyant, je ressentis le froid de trois coups de poignard, frappés en plein dos. Il est des détails de cette scène sanglante qui sont dans ma mémoire et qui n'ont jamais disparu. Pourquoi avais-je cette conviction avant de savoir ce que c'était que la Saint-Barthélemy ? Pourquoi, en lisant le récit de ce massacre, me suis-je dit : c'est mon rêve, ce vilain rêve qu'enfant j'ai fait, et dont le souvenir m'est resté si vivace ?

Pourquoi, lorsque j'ai voulu consulter mon souvenir, forcer ma pensée, suis-je resté comme un pauvre fou auquel surgit une idée et qui semble lutter pour retrouver sa raison ? Pourquoi ? Je n'en sais rien. Vous me trouverez sans doute ridicule, mais je n'en garderai pas moins mon souvenir et ma conviction.

Si je vous disais que j'avais sept ans lorsqu'un rêve me vint ; et tel il était : j'avais vingt ans, j'étais jeune, bien mis, je pense que j'étais riche. Je suis venu me battre en duel et j'ai été tué. Si je vous disais que ce salut qui se fait dans les armes avant de se battre, je l'ai fait la première fois que j'ai eu un fleuret à la main. Si je vous disais que chaque préliminaire plus ou moins gracieux que l'éducation ou la civilisation a mis dans l'art de se tuer, m'était connu avant mon éducation dans les armes, vous diriez sans doute que je suis un fou, un maniaque ; mais il me semble parfois qu'une lueur perce ce brouillard et j'ai la conviction que le souvenir du passé se rétablit en mon âme.

Je n'ai lu aucun auteur traitant de pareils sujets. Je le ferai à mon retour peut-être, de cette lecture jaillira-t-il la lumière pour moi.

LA REINCARNATION DANS L'ANTIQUITÉ

Les Pandoûs et les Kouroûs - R. S., 1862, p. 241.

La guerre civile ayant éclaté entre les descendants de Pandoûs, légitime héritier du trône, et les descendants de Kouroû, qui l'ont usurpé, les Pandoûs viennent à la tête d'une armée que le héros Arjuna commande, d'attaquer les usurpateurs. La bataille a duré longtemps et la victoire est incertaine ; un armistice donne aux deux armées en présence le temps de retremper leurs forces ; tout à coup les trompettes mugissent : et les deux armées s'ébranlent tout entières en s'avançant au combat ; des chevaux blancs emportent le char d'Arjuna, près duquel se tient le dieu Krischna. Tout à coup le héros s'arrête au milieu de l'espace qui sépare les deux armées ; il les parcourt du regard : « Frères contre frères, se dit-il, parents contre parents, prêts à s'entr'égorger sur les cadavres de leurs frères ! ». Une mélancolie profonde, une subite douleur le saisissent.

Krischna ! s'écrie-t-il, voici nos parents armés, debouts, prêts à s'égorger ! Vois mes membres tremblent, mon visage pâlit, mon sang se glace, un froid de mort circule dans mes veines et mes cheveux se hérissent d'horreur. Mon archet fidèle tombe de ma main, incapable de le soutenir ; je chancelle, je ne puis ni avancer ni reculer, et mon âme enivrée de douleur semble vouloir m'abandonner. Dieu aux cheveux blonds, ah ! Dis-moi, quand j'aurai assassiné les miens, sera-ce le bonheur ? La victoire, l'empire, la vie. Que me seront-ils alors? Ceux pour qui je désire les obtenir et les conserver auront péri dans les combats ? Oh conquérant céleste, quand le triple monde serait le prix de leur mort, je ne voudrais pas les égorger pour ce misérable globe ; non je ne veux pas, quoiqu'ils s'apprêtent à me tuer sans pitié.

Ceux dont tu pleures la mort, lui répondit le Dieu, ne méritent pas que tu les pleures ; que l'on vive ou que l'on meure, le sage n'a pas de larme pour la vie et pour la mort. Le temps où je n'existais pas, où tu n'existais pas, où ces guerriers, n'existaient pas, n'a jamais existé, et jamais on ne verra l'heure qui sonnera notre mort. L'âme placée dans nos corps traverse la jeunesse, l'âge mûr, la décrépitude et passant dans un nouveau corps elle y recommence sa course. Indestructible et éternel, un dieu déroule de ses mains l'univers où nous sommes ; et qui anéantira l'âme qu'il a créée ? Qui donc détruira l'œuvre de l'indestructible ? Le corps, enveloppe fragile, s'altère, se corromp et périt, mais l'âme, l'âme éternelle que l'on ne peut concevoir, celle-là ne périt pas. Au combat, Arjuna ! Pousses tes coursiers dans la mêlée ; l'âme ne tue pas, l'âme n'est pas tuée ; jamais elle n'éclot, jamais elle ne meurt ; elle ne connaît pas de présent, de passé, d'avenir, elle est ancienne, éternelle, toujours vierge, toujours jeune, immuable, inaltérable. Tomber dans la mêlée, égorger ses ennemis qu'est-ce, sinon déposer un vêtement ou l'enlever à celui qui le portait ? Va donc et ne crains rien ; jette sans scrupule une draperie usée ; vois sans terreur tes ennemis et tes frères quitter une draperie usée, leur corps périssable, et leur âme vêtir une forme nouvelle. L'âme c'est la chose que le glaive ne pénètre pas, que le feu ne peut consumer, que les eaux ne détériorent pas, que le vent du Midi ne dessèche pas. Cesse donc de gémir.

Remarque. - L'idée de la réincarnation est en effet assez bien définie dans ce passage, comme du reste toutes les croyances spirites l'étaient dans l'antiquité ; il n'y manquait qu'un principe - celui de la charité. Il était réservé au Christ de proclamer cette loi suprême, source de toutes les félicités terrestres et célestes.

« Ce passage est tiré d'un livre sanscrit Le Maha Barata. »

LA REINCARNATION AU JAPON

R. S., 1868, p. 252.

Le récit suivant est extrait de l'histoire de Saint François Xavier, par le père Bonhours. C'est une discussion théologique entre un bonze japonais nommé Tucarondono et Saint François Xavier, alors missionnaire au Japon.

« Je ne sais si tu me connais, ou, pour mieux dire, tu me reconnais, dit Tucarondono à François Xavier. Je ne souviens pas de vous avoir jamais vu, lui répondit celui-ci. Alors le bonze, éclatant de rire, et se tournant vers d'autres bonzes, ses confrères qu'il avait amenés avec lui.

Je vois bien, leur dit-il, que je n'aurais pas de peine à vaincre un homme qui a traité avec moi plus de cent fois et qui fait semblant de ne m'avoir jamais vu. Ensuite, regagnant Xavier avec un sourire de mépris ; ne te reste-t-il rien, poursuivit-il des marchandises que tu m'as vendues au port de Frenasoma ?

En vérité, répliqua Xavier avec un visage toujours serein et modeste, je n'ai, de ma vie, été marchand et je n'ai jamais vu Frenasoma.

Ah ! Quel oubli et quelle bêtise, reprit le bonze, faisant l'étonné et continuant ses éclats de rire : quoi, se peut-il faire que tu aies oublié cela ?

Rappelez m'en le souvenir, répartit doucement le père, vous qui avez plus d'esprit et de mémoire que moi.

Je le veux bien, dit le bonze, tout fier de la louange que Xavier lui avait donnée.

Il y a aujourd'hui quinze cents ans tout juste que toi et moi, qui étions marchands, faisions notre trafic à Frenasoma, j'achetais de toi cent pièces de soie à très bon marché. T'en souvient-il maintenant ?

Le saint qui jugea où allait le discours du bonze, lui demanda honnêtement quel âge il avait. J'ai cinquante-deux ans, dit Tucarondon.

Comment peut-il se faire, reprit Xavier, que vous fussiez marchand il y a quinze siècles, s'il n'y a qu'un demi-siècle que vous êtes au monde et comment trafiquions-nous en ce temps-là vous et moi dans Frenacoma, si la plupart d'entre vous, bonzes, enseignent que le Japon n'était qu'un désert il y a quinze cents ans ?

Ecoute-moi, dit le bonze, tu entendras les oracles et tu demeureras d'accord que nous avons plus de connaissance des choses passées que vous n'en avez vous autres des choses présentes. Tu dois donc savoir que le monde n'a jamais eu de commencement et que les âmes, à proprement parler, ne meurent point. L'âme se dégage du corps où elle est renfermée, elle en cherche un autre frais et vigoureux où nous renaissons tantôt avec le sexe noble, tantôt avec le sexe imparfait, selon les diverses constellations du ciel et les différents aspects de la lune. Ces changements de naissance font que nos fortunes changent aussi. Or c'est la récompense de ceux qui ont vécu saintement d'avoir la mémoire fraîche de toutes les vies qu'on a menées dans les siècles passés et de se représenter à soi même tout entier tel qu'on a été depuis une éternité sous la forme de prince, de marchand, d'homme de lettres, de guerriers, et sous d'autres figures. Au contraire quiconque, comme toi, sait si peu ses propres affaires, qu'il ignore ce qu'il a été et ce qu'il a fait durant le cours d'une infinité de siècles, montre que tous ses crimes l'on rendu digne de la mort autant de fois qu'il a perdu le souvenir des vies qu'il a changées.

Remarque. - On ne peut supposer que François Xavier ait inventé cette histoire qui n'était pas à son avantage, ni suspecter la bonne foi de son historien, le P. Bonhours. D'un autre côté, il n'est pas moins certain que c'était un piège tendu au missionnaire par le bonze, puisque nous savons que le souvenir des existences antérieures est un cas exceptionnel et que dans tous les cas il ne comporte jamais des détails aussi précis ; mais ce qui ressort de ce fait c'est que la doctrine de la réincarnation existait au Japon à cette époque, dans des conditions identiques, sauf l'intervention des constellations et de la lune, à celles qui sont enseignées de nos jours par les Esprits. Une autre similitude non moins remarquable, c'est l'idée que la précision du souvenir est un signe de supériorité. Les Esprits nous disent en effet que dans les mondes supérieurs à la terre où le corps est moins matériel et l'âme dans un état normal de dégagement, le souvenir du passé est une faculté commune à tout le monde, on s'y souvient de ses existences antérieures comme nous nous souvenons des premières années de notre enfance. Il est bien évident que les Japonais n'en sont pas à ce degré de dématérialisation qui n'existe pas sur la terre, mais ce fait prouve qu'ils en ont l'intuition.

LA REINCARNATION EN AMERIQUE

R. S., 1862, p. 50.

On s'est souvent étonné que la doctrine de la réincarnation n'ait pas été enseignée en Amérique et les incrédules n'ont pas manqué de s'en étayer pour accuser les Esprits de contradiction. Nous ne répéterons pas ici les explications que nous avons données et que nous avons publiées sur ce sujet. Nous nous bornerons à rappeler qu'en cela les Esprits ont montré leur prudence habituelle. Ils ont voulu que le Spiritisme prit naissance dans un pays de liberté absolue quant à l'émission des opinions ; le point essentiel était l'adoption du principe, et pour cela ils n'ont pas voulu être gênés en rien. Il n'en était pas de même de toutes les conséquences et surtout de la réincarnation qui se serait heurtée contre les préjugés de l'esclavage et de la couleur.

L'idée qu'un noir pouvait devenir un blanc, qu'un blanc pouvait avoir été noir, qu'une maître avait été esclave, eut paru tellement monstrueuse qu'elle eut suffi pour faire rejeter le tout ; les Esprits ont préféré sacrifier momentanément l'accessoire au principal, et nous ont toujours dit que, plus tard, l'unité se ferait sur ce point comme sur tous les autres. C'est en effet ce qui commence à avoir lieu ; plusieurs personnes du pays nous ont dit que cette doctrine y trouve maintenant d'assez nombreux partisans ; que certains Esprits, après l'avoir fait pressentir, viennent de la confirmer. Voici ce que nous écrit à ce sujet, de Montréal, Canada, M. Henry Lacroix, natif des Etats-Unis : « La question de la réincarnation dont vous avez été le premier promoteur visible, nous a pris par surprise ici, mais aujourd'hui nous sommes réconciliés avec elle, avec cet enfant de votre pensée. Tout est rendu compréhensible par cette nouvelle clarté et nous voyons maintenant au devant de nous bien loin sur la route éternelle. Cela nous semblait pourtant bien absurde, comme nous le disions dans les commencements ; mais aujourd'hui nous nions, demain nous croyons, voilà l'humanité. Heureux ceux qui veulent savoir, car la lumière se fait pour eux ; malheureux sont les autres, car ils demeurent dans les ténèbres. »

Ainsi c'est la logique, la force du raisonnement qui les a amenés à cette doctrine et parce qu'ils y ont trouvé la seule clef qui pouvait résoudre des problèmes insolubles jusqu'alors. Toutefois notre honorable correspondant se trompe sur un fait important, en nous attribuant l'initiative de cette doctrine qu'il appelle l'enfant de notre pensée. C'est un honneur qui ne nous revient pas ; la réincarnation a été enseignée à d'autres qu'à nous avant la publication du *Livre des Esprits* ; de plus le principe a été clairement posé dans plusieurs ouvrages antérieurs non seulement aux nôtres, mais avant l'apparition des tables tournantes, entre autre dans *Ciel et Terre*, de Jean Renaud et dans un charmant petit livre de Jourdan, intitulé *Prières de Ludovic*, paru en 1849. Sans compter que ce dogme était professé par les druides auxquels certes nous ne l'avons pas enseigné. Lorsqu'il nous fût révélé nous fûmes surpris et l'accueillîmes avec hésitation, avec défiance, nous le combattîmes même pendant quelques temps, jusqu'à ce que l'évidence nous en fut démontrée. Ainsi ce dogme nous l'avons accepté et non inventé, ce qui est bien différent.

Ceci répond à l'objection d'un de nos abonnés. M. Salynes, d'Angers, qui est un des antagonistes avoués de la réincarnation, et qui prétend que les Esprits et les médiums qui l'enseignent subissent notre influence attendu que ceux qui se communiquent à lui disent le contraire. Au reste M. Salgues allègue contre la réincarnation des objections spéciales dont nous ferons un de ces jours l'objet d'un examen particulier. En attendant, nous constatons un fait, c'est que le nombre des partisans croit sans cesse et que celui des adversaires diminue ; si ce résultat est dû à notre influence, c'est nous en attribuer une bien grande, puisqu'elle s'étend de l'Europe à l'Amérique, à l'Asie, à l'Afrique et jusqu'à l'Océanie. Si l'opinion contraire est la vérité, comment se fait-il qu'elle n'ait pas la prépondérance?

L'erreur serait donc plus puissante que la Vérité ?

UN DERNIER MOT

Ici se termine ma tâche.

Lorsque je pris la résolution de réunir en une seule brochure de propagande tous les enseignements que nous a donnés Allan Kardec sur la grande loi de la réincarnation, je pensais qu'il serait peut-être utile d'en compléter l'exposé par le récit de quelques faits nouveaux et probants venus depuis confirmer les preuves morales et philosophiques sur lesquelles le Fondateur de la Doctrine Spirite a établi cette vérité fondamentale de la pluralité des existences corporelles et successives. Il n'en est rien et maintenant que cette compilation est terminée je constate avec une réelle satisfaction qu'elle se suffit à elle-même pour amener à une conviction sérieuse et forte et que toute adjonction étrangère ne ferait qu'allonger et alourdir le texte sans lui donner ni moins ni plus d'autorité.

Je renverrai donc le lecteur qui croira avoir besoin d'un surcroît de preuves nouvelles pour asseoir ses convictions aux ouvrages spéciaux de Jean Renaud[5], Pezzani[6], Colonel de Rochas[7], etc., qui ont réuni un grand nombre de témoignages aussi intéressants les uns que les autres et parmi lesquels ils n'auront que l'embarras du choix. Suivre ces auteurs dans cette voie serait manquer mon but qui est, avant tout de faire connaître dans une brochure de propagande les arguments fournis par Allan Kardec sur cette importante question de la réincarnation selon le Spiritisme.

Que nos amis veuillent bien seconder mes efforts et ce but sera atteint pour le bien moral de tous et pour la glorification de notre Maître aimé :

ALLAN KARDEC.

HENRI SAUSSE.

Décembre 1920.

POURQUOI ?

Qui donc pourra jamais sonder le grand mystère

Qui nous fait naître un jour et puis après mourir ?

D'où sommes-nous venus, exilés sur la terre,

Et pourquoi nous faut-il tant peiner et souffrir?

Pourquoi nos durs labeurs, nos luttes sans relâche,

Si rien ne doit, de nous, survivre après demain ?

A quoi bon s'acharner sur cette ingrate tâche

Que nous impose, hélas ! Un aveugle destin?

De la vie à la mort, en ce séjour de larmes,

Quand tout sourit aux uns, d'autres sont accablés ;

D'une existence heureuse, à bien peu tous les charmes :

Aux masses, le malheur et ses coups redoublés.

Puis, après tant d'efforts et d'amères souffrances,

Quand nous croyons toucher au bonheur ici-bas,

Nous voyons s'envoler toutes nos espérances

Devant la tombe ouverte où s'arrêtent nos pas.

Par delà le cercueil, que deviennent nos âmes ?

Est-ce la vie encore ou le sombre néant ?

Est-ce enfin le repos, ou les terribles drames,

D'un enfer odieux ou d'un ciel fainéants ?

D'où sommes-nous partis, pour venir en ce monde,

Subir tant de tourments, de peines, de douleurs ;

Si nous sommes maudits, pourquoi ? Qu'on me réponde ?

Qui nous a condamnés à verser tant de pleurs ?

Je partage avec toi ton amère tristesse,

Et cependant je veux, ami, sécher tes pleurs.

D'un bienfaisant espoir, j'ai reçu la caresse.

Ecoute et tu verras se calmer tes douleurs.

D'où sommes-nous venus ? Nul ne saurait le dire.

Nous savons cependant vers quel but nous allons.

La route est dure, hélas! Mais pourquoi la maudire

Quand nous avons fixé nous-mêmes ses jalons ?

Si, partis du néant, nous marchons au sublime,

Nous ne pouvons, hélas! Le faire à notre gré :

D'un désir imprudent, quand nous sommes victime,

Sachons que chaque effort est quand même un progrès !

Or, ami, tout effort engendre la souffrance ;

Si nous voulons, du mal, n'être plus prisonnier,

Dans nos plus durs revers, conservons l'assurance

Que, de notre bonheur nous sommes les pionniers.

Chacun de nous, dès lors, en poursuivant sa route,

Doit élever son cœur, éclairer son cerveau ;

Aux ronces du chemin, il faut, coûte que coûte,

Dépouiller le vieil homme et créer le nouveau.

Ce n'est point au hasard, qu'en ce lieu de misère,
Afin de progresser, il nous fallut venir.
Nous suivrons, à nouveau, bien des fois, ce calvaire,
Fait pour nous assurer un brillant avenir.

Et chaque fois, notre âme, en de cruelles luttes,
Des liens de la chair, tendent à se dépouiller.
Après bien des revers, des efforts et des chutes,
Elle s'élève enfin et voit le ciel briller.

Elle est joyeuse alors car ce bonheur suprême
Est le prix de ses maux, le fruit de son travail
Elle a vaincu la mort et forte d'elle-même
Elle voit sans terreur son lugubre attirail

Elle sait que la vie est, pour nous, éternelle,
Que la mort n'est qu'un mot ; quand nous touchons au seuil,
Nous acquerrons la joie et la preuve nouvelle,
Que nous vivons encore au-delà du cercueil.

Dans la chaîne sans fin que font nos existences,
Nous recueillons les fruits des labeurs précédents
Et préparons déjà la joie ou les souffrances

De celles qui suivront, par nos actes présents,

Sachons mettre à profit chaque nouvelle aurore,

Et cette grande loi qu'on ne peut transgresser :

Naître, mourir, renaître et puis mourir encore,

Pour, à nouveau, renaître et toujours progresser.

Henri SAUSSE.

[1] *M. le Colonel de Rochas, dans la préface de son livre : Les Vies successives, reconnaît que, si les expériences de régression de la mémoire sont en apparence très probantes, elles ne sont en réalité que des matériaux à l'état brut ; ce serait à l'avenir de discerner la part de vérité qu'elles contiennent.*

[2] *C'est pour faciliter à toute cette étude sur la réincarnation que j'ai réuni, ci-après, tous les enseignements d'Allan Kardec ayant trait à ce sujet.*

[3] *La traduction d'Ostervald est conforme au texte primitif ; elle porte : ne renaît de l'eau et de l'Esprit ; celle de Sacy dit : du Saint Esprit ; celle de Lamennais : l'Esprit saint.*

[4] *M. V..., était soldat de la Maison de Coligny, il se nommait Gaston Vincent, il fut tué à la Saint Barthélemy d'après les renseignements de son Guide, il est aujourd'hui officier de marine.*

[5] *Jean Renand. Terre et Ciel*

[6] *Pezzani. La pluralité des existences.*

[7] *Colonel de Rochas. Les vies successives.*